lternatives
conomiques

ateur : Denis Clerc
ident d'honneur : Philippe Frémeaux (1949-2020)
cteur des publications, président du conseil d'administration :
tian Chavagneux
cteur général : Jérémy Dousson
ACTION : 28 rue du Sentier, 75002 Paris
cteur de la rédaction : Laurent Jeanneau
acteur en chef : Marc Chevallier
orialiste : Christian Chavagneux
acteur en chef international : Yann Mens
actrice en chef numérique : Sandrine Foulon
acteurs en chef adjoints : Catherine André,
er Molénat, Antoine de Ravignan
rétaire générale de la rédaction : Charlotte Chartan
nomie : Christian Chavagneux, Vincent Grimault,
e Martin, Jean-Christophe Catalon
eprise : Marc Chevallier, Justin Delépine
été : Xavier Molénat, Céline Mouzon, Naïri Nahapétian
ail, social : Sandrine Foulon
ogie : Antoine de Ravignan, Matthieu Jublin
rnational : Yann Mens
nds entretiens : Catherine André
: Céline Mouzon
nda : Justin Delépine
oire : Gérard Vindt
es : Christian Chavagneux, Igor Martinache
ure, opinions : Naïri Nahapétian
également participé à ce numéro : Caroline Chambon,
las Da Silva, Manuel Domergue, Christophe Fourel, Bénédicte Manier,
on Mauvieux, Hervé Nathan, Rachel Silvera
mières secrétaires de rédaction, iconographes :
ine Dortée, Nathalie Zemour-Khorsi
ction artistique : Marie-July Berthelier, Christophe Durand
uette, infographies : Marie-July Berthelier, Odile Chesnot, Christophe Durand
teurs Web : Jean-Christophe Catalon, Matthieu Jublin
rnaliste vidéo : Rudy Pupin
nmunity manageuse : Marie-Laure Gardaz
ecteur marketing : Frédéric Desiles
ectrice diffusion : Hélène Reithler
rgée de promotion diffusion, relations presse :
onique Orlandi (01 44 88 95 90)
rgée de diversification : Marianne Thibaut (01 44 88 58 81)
f de projets numériques : Arnaud Julieno
ociation des lecteurs : Marianne Thibaut
LICITÉ : L'autre régie, 28 rue du Sentier, 75002 Paris, www.lautre-regie.fr
ectrice de régie : Anne Boulain (01 44 88 58 85)
effe de publicité : Véronique Génot (01 44 88 28 93)
LATIONS CLIENTS, FABRICATION, SIÈGE SOCIAL :
rue du Cap-Vert, CS 40010, 21801 Quetigny Cedex
03 80 48 10 25 - Fax 03 80 48 10 34
ations clients : Stéphanie Claudel (cheffe de service), Delphine Dorey
effe de projet technique), Marilyn Fleutot, Philippe Glommeau, Isabelle
nétrier, Claude Pettinaroli, Yolande Puchaux, Sonia Varichon
rriel : abonnements@alternatives-economiques.fr
nptabilité : Vincent Febvre (responsable administratif et comptable),
déric Chavet et Stéphane Vitali
uverture : Boris Séméniako
pection des ventes (dépositaires et diffuseurs) :
stination média, tél. : 01 56 82 12 06
fusion : En kiosque : MLP
librairie : Interforum, 92 av. de France, 75013 Paris ;
: 01 49 59 10 10
nsuel édité par la Scop-SA Alternatives Economiques
apital variable, partagé entre les salariés (63 %),
Société civile des lecteurs d'Alternatives Economiques (19 %),
sociation des lecteurs (1 %), des anciens salariés (9 %)
des associés extérieurs compagnons de
ute (8 %).
84 B 221 Dijon, Siret 330 394 479 00043
numéro a été tiré à 73 852 exemplaires
PAP : 0324 D 84446
N : 0247-3739 - ISBN : 2-35240-318-0
oôt légal : janvier 2023
rif d'abonnement 1 an (11 n^os) : 59 €
primé en France/printed in France par Maury
300 Manchecourt), sur papier fabriqué
Allemagne, taux de fibres recyclées : 100 %,
trophisation : Ptot : 0,008 kg/tonne de papier

elations abonnés : 03 80 48 10 25 (8h-12h30 et 13h30-17h)
rue du Cap-Vert, CS40010, 21801 Quetigny Cedex
bonnements@alternatives-economiques.fr

© CHRISTOPHE BOULZE

> « Forcer les gens à travailler plus longtemps accroît l'insatisfaction générale en exerçant une grande violence sociale »

Editorial

par Christian Chavagneux

RETRAITES : UNE RÉFORME VIOLENTE

Après la présentation par le gouvernement de son projet de réforme du système des retraites, le débat a pris une tournure technique. On calcule les effets de telle et telle mesure sur l'équilibre financier, on cherche les perdants. Ces débats sont nécessaires, mais ils tendent à obscurcir les lames de fond sociales et politiques qu'entraîne le choix du gouvernement de s'engager dans cette voie.

Les Françaises et les Français ne sont majoritairement pas heureux au travail. Lorsque le ministère de la Santé les interroge sur l'âge idéal de départ en retraite, 60 % souhaitent partir à 60 ans. Seuls 13 % des personnes interrogées sont favorables au recul de l'âge de la retraite et 18 % à l'allongement de la durée de cotisation.
En revanche, selon l'Ifop, 59 % des non-retraités déclarent être prêts à cotiser davantage pour éviter de partir plus tard, 66 % pour les jeunes de 18 à 24 ans. Forcer les gens à rester plus longtemps au travail accroît l'insatisfaction générale en exerçant une grande violence sociale.

Ils sont fous, répond le gouvernement. Quand on vit plus longtemps, il faut travailler plus. Pourtant, plus on vit longtemps, moins on travaille : depuis 1870, l'espérance de vie de la population a été multipliée par deux et le temps de travail divisé par deux. C'est le sens du progrès. Oui, mais, objectera-t-on, si on ne travaille pas plus longtemps, notre système par répartition est mort. Selon les chiffres annoncés par le gouvernement, le déficit du système atteindra 12,4 milliards d'euros en 2027, 13,5 milliards en 2030 et 21,2 milliards en 2035. Selon le Conseil d'orientation des retraites, ces déficits représenteront 0,4 % du PIB en 2027, 0,4 % en 2030, 0,6 % en 2035 et 0,8 % en 2050. Bref, ils seront largement gérables et ne remettent en rien en cause l'existence de la répartition.

J'ai fait un rêve. Emmanuel Macron déclarait qu'une réforme de notre système de retraite est nécessaire parce que le niveau des futures pensions sera trop bas pour beaucoup. Il ouvre une négociation avec les syndicats pour augmenter le taux d'emploi en leur demandant des pistes pour réduire le temps de travail et répondre au problème de l'emploi des seniors. La négociation réussit, l'emploi monte fortement, l'économie s'enrichit, et la France devient un modèle à suivre.
Et puis je me suis réveillé, marchant dans la rue, des gens hurlaient des slogans anti-Macron. ■

SOMMAIRE

DOSSIER

Un pognon de dingue !

LES ENTREPRISES ACCROS À L'ARGENT PUBLIC

Les firmes françaises, surtout les plus grosses, sont gavées d'aides publiques depuis si longtemps qu'elles en sont devenues dépendantes, comme des droguées. Et pourtant, en termes d'innovation, d'emploi ou de compétitivité, ces aides n'ont pas fait la preuve de leur efficacité.

MYSTÈRE ET BOULE DE GOMME

« Le mystère de l'emploi pique vraiment ma curiosité, car depuis novembre, il nous est prédit un ralentissement économique. Sauf que sur le marché du travail, les entreprises embauchent, cherchent désespérément… Je me demande quel est l'impact du départ à la retraite des baby-boomers, c'est-à-dire de personnes expérimentées, peut-être non remplacées à court terme, mais à moyen terme il faut sûrement compenser qualitativement et quantitativement. **ALICE**

Erratum

Dans notre dossier du mois de janvier, en page 26, la décroissance est décrite comme un modèle « où il s'agit surtout de cesser de faire décroître l'usage de ce qui menace la survie de l'humanité ». *Le mot* « cesser » *est évidemment en trop. Toutes nos excuses.*

> « Quand on cessera de confondre « forêts » et « plantations », on pourra faire un état des lieux de la (vraie) forêt française. **MICKAËL CANTON**

VALEUR TRAVAIL

« Merci à M. Dubet de rappeler dans sa chronique parue début janvier qu'une approche humaniste et sociale fonde les valeurs de gauche, dont celle du travail. La dignité, la fierté, la place de chacun dans la société se construisent, entre autres, par le travail, irréductible aux visions statistiques ou aux économistes qui n'en mesurent que le prix et non point la valeur. **ADRIEN MAIRE**

Controverse

« Abonné de longue date à *Alternatives Economiques*, je veux remercier tout particulièrement Antoine de Ravignan de m'avoir permis de prendre du recul par rapport aux propos souvent péremptoires – même si toujours intéressants – de Jean-Marc Jancovici. J'ai lu attentivement sa BD à succès et j'avoue avoir eu du mal à prendre du recul tant tout y est présenté de manière convaincante. Il en est de même pour toutes ses conférences ou interviews. Grâce à vous, j'ai pu trouver des indices et des informations pour ouvrir un débat contradictoire. Le lien vers le blog de Stéphane His est, à ce titre, essentiel pour étayer les limites et/ou les failles du raisonnement de M. Jancovici. Pour les novices dont je fais partie, ces références et ces apports sont indispensables pour permettre de construire des avis mieux argumentés parce que mieux étayés. Encore une fois, *Alternatives Economiques* joue son rôle de revue d'éducation populaire. **LIONEL JULIENNE**

Alternatives Economiques, courrier des lecteurs,
28 rue du Sentier, 75002 Paris - courrier@alternatives-economiques.fr

L'ŒIL DE KANAR

Pour justifier le report de l'âge de la retraite, la Première ministre avance des arguments de justice et de progrès. Les syndicats lui donnent rendez-vous dans la rue.

LES CLASSES MOYEN ET LES FEMMES VONT

La Première ministre l'a répété comme un mantra lors de la présentation de son projet de réforme des retraites : c'est *« une réforme de justice, d'équilibre et de progrès »*. Et de mettre en avant le choix de reporter l'âge légal de départ à 64 ans, et non 65 ans comme le voulait initialement Emmanuel Macron.

La potion a beau sembler moins amère, elle reste indigeste. Afin de produire leurs effets, les précédentes réformes des retraites ont toutes « pris le temps » de s'étaler sur plusieurs années, évitant ainsi de rompre trop brutalement le contrat social en cours. La réforme Macron 2 frappe vite et fort. Et c'est inédit. Ainsi, dès septembre prochain et jusqu'en 2030, l'âge légal de départ va augmenter de trois mois supplémentaires chaque année. Le gouvernement accélère également la réforme Touraine de 2014, qui portait progressivement à 43 annuités la durée de cotisation pour les générations nées à partir de 1973. Il faudra désormais avoir atteint ces 172 trimestres dès la génération 1965.

Techniquement, le gouvernement ne va pas au-delà des 43 annuités, a réaffirmé la Première ministre. Sauf que dans les faits, il faut impérativement réunir deux conditions pour toucher une retraite sans décote : l'âge légal et le bon nombre de trimestres. Tous les salariés qui auront atteint leurs 43 annuités à 62 ans devront donc travailler plus que les autres.

Les systèmes de retraite peuvent être une montagne de complexité, mais cette équation-là est très simple et chacun a pu en éprouver la réalité sans calculette : il suffit de prendre son âge d'entrée sur le marché du travail et d'y ajouter 43 annuités pour obtenir l'âge de sa retraite à taux plein. Un salarié qui a commencé à travailler à 23 ans parce qu'il aura fait des études longues devra de toute façon, avec les règles actuelles, attendre 66 ans pour ouvrir ses droits sans subir de décote. En revanche, un salarié entré sur le marché du travail à 20 ans serait aujourd'hui en mesure de faire valoir ses 43 annuités à 63 ans. Avec un report de l'âge à 64 ans, il devra donc travailler un an de plus.

Il en va de même pour les mères qui, grâce aux huit trimestres de majoration accordés pour chaque enfant, pouvaient espérer quitter leur emploi plus tôt. En 2021, un tiers des nouvelles retraitées ont pu prendre leur retraite à 62 ans grâce à ce dispositif. Demain, les femmes, avec les ouvriers, les employés, les travailleurs de seconde ligne…, dont elles font souvent partie, devront rester en poste, jusqu'à deux ans supplémentaires.

Le projet du gouvernement améliore le sort d'une partie des salariés qui ont commencé tôt, ne modifie en rien celui des plus diplômés et fait reposer l'essentiel des efforts sur le « milieu », la classe moyenne, le gros bataillon

ES

PAYER

d'aides-soignantes, de techniciens ou d'employés du tertiaire.

LE PARAVENT DES CARRIÈRES LONGUES

Elisabeth Borne a reconnu que cette réforme ne serait pas « *neutre* ». Mais elle a préféré insister sur l'amélioration des dispositifs de carrières longues. Actuellement, les travailleurs qui ont commencé tôt peuvent partir deux, voire quatre ans avant l'âge légal, à savoir à 58 ou 60 ans. Ils sont 150 000 chaque année, soit un nouveau retraité sur cinq, à pouvoir utiliser cette porte de sortie.

Le futur dispositif prévoit trois cas de figure : les travailleurs qui ont accumulé quatre ou cinq trimestres avant 16 ans pourront toujours partir à 58 ans, ceux qui les auront validés entre 16 et 18 ans pourront partir à 60 ans, et enfin ceux qui les auront entre 18 et 20 ans pourront partir à 62 ans. Les trimestres validés (quatre au maximum) au titre des congés parentaux compteront, ce qui n'était pas le cas auparavant. Le gouvernement assure aussi qu'un salarié en carrière longue ne pourra pas travailler au-delà de 44 annuités. Encore faudra-t-il remplir toutes les conditions. Car il ne suffit pas d'avoir commencé jeune, il faut également faire valoir une durée minimale d'assurance cotisée.

Toutes les alternatives au report de l'âge ont été rejetées, alors que c'est la mesure la plus injuste qui soit

L'exécutif fait, certes, entrer potentiellement davantage de personnes dans le dispositif pour un coût de 600 millions d'euros en 2030, mais le système devrait malgré tout progressivement s'éteindre, les salariés entrant de plus en plus tard sur le marché du travail. Selon les projections du Conseil d'orientation des retraites (COR), et en fonction des règles actuelles, un quart des salariés du régime général peuvent encore partir à 60 ans, mais ceux qui sont nés en 1970 ne seront plus que 10 % à pouvoir le faire et 5 % pour la génération 1975.

En revanche, contrairement à la réforme de 2010 qui avait décalé de deux ans le départ des personnes en situation d'invalidité ou d'inaptitude, cette fois-ci rien ne change pour ces travailleurs qui pourront toujours ouvrir leurs droits à partir de 55 ans et ne pas dépasser 62 ans, pour un coût de 3,1 milliards d'euros en 2030.

Quant à la pénibilité, les seuils d'exposition aux risques qui permettent d'engranger des points dans le cadre du compte professionnel de prévention (C2P) seront abaissés, et un droit à la reconversion sera créé, tout comme un fonds de 1 milliard d'euros sur le quinquennat pour la prévention de la pénibilité. Un suivi médical « renforcé » sera mis en place pour les salariés exposés à des risques ergonomiques.

Pour autant, trois des quatre critères (port de charges lourdes, postures pénibles, vibrations mécaniques) supprimés par Emmanuel Macron en 2017 ne

Retraite aux flambeaux contre la réforme à Perpignan, le 10 janvier, après l'annonce d'Elisabeth Borne. Le gouvernement a choisi la confrontation.
© JEAN-CHRISTOPHE MILHET - HANS LUCAS

seront pas réintroduits dans la loi. Le quatrième critère supprimé – l'exposition aux risques chimiques qui provoquent des maladies à long terme – passe complètement sous les radars.

L'ARME DE LA PENSION À 1 200 EUROS

Au total, avec tous ces dispositifs d'accompagnement, Elisabeth Borne espère que dans quelques années un salarié sur quatre pourra partir de manière anticipée, avant 64 ans. En marge de toutes les autres mesures censées doper le taux d'emploi des seniors – création d'un index senior dans les entreprises de plus de 300 salariés, assouplissement des retraites progressives et du cumul emploi-retraite qui seront également ouverts aux fonctionnaires –, c'est aussi avec l'amélioration du minimum contributif que le gouvernement espère marquer des points.

Déjà votée dans la loi de 2003, la retraite minimale à 85 % du Smic net devrait enfin être mise en application pour que les nouveaux retraités qui auront eu une carrière complète (120 trimestres cotisés sur une période de quarante-trois ans au moins) touchent une pension de 1 200 euros brut (soumise à impôts et cotisations sociales), partie complémentaire (Agirc-Arrco) comprise. Cette revalorisation coûtera 700 millions d'euros aux finances publiques en 2030. Le gouvernement fait en outre un geste fort à l'attention des Républicains : les retraités actuels seront concernés pour un coût estimé à 1,2 milliard d'euros.

Le reste du « *package* » est-il bien ficelé ? Le ministre de l'Economie Bruno Le Maire s'est livré à un calcul simple : le report de l'âge légal à 64 ans générera 17,7 milliards d'euros d'économies en 2030. Il résorbera un déficit estimé à 13,5 milliards. Il restera donc un excédent de 4,2 milliards qui serviront à financer les 4,8 milliards d'euros de mesures d'accompagnement. Le gouvernement entend aussi augmenter de 0,1 point le taux des cotisations vieillesse afin de collecter 800 millions d'euros. En définitive, il espère ainsi afficher un solde budgétaire excédentaire de 300 millions d'euros. En compensation, la Première ministre a précisé que les cotisations de la branche accidents du travail-maladies professionnelles (AT-MP), dont le solde est excédentaire, seront en parallèle diminuées pour ne pas augmenter le coût du travail.

REFUS DES ALTERNATIVES

Toute la bataille de l'exécutif consiste désormais à rallier la population au credo selon lequel la réforme est financièrement indispensable, agitant le chiffon rouge des 150 milliards d'euros de dette dans les dix ans à venir « si on ne fait rien ». « *Aucun déficit n'est négligeable. Il ne peut y avoir de solidarité à crédit* », a martelé le ministre de l'Economie.

Il est évident que le système de retraite exige des réajustements et d'être surveillé comme le lait sur le feu. La vie économique n'est pas un long fleuve tranquille et, on l'a vu, une crise comme celle du Covid peut venir perturber l'équilibre des comptes. La santé du régime dépend de la croissance de la productivité du travail et d'un taux de chômage plus ou moins élevé. Plus les salariés sont nombreux à travailler, mieux se porte le régime.

LES FUTURS RETRAITÉS EN PROFITERONT MOINS LONGTEMPS

Espérance de durée de retraite, par génération, en nombre d'années

Source : COR, calcul Michael Zemmour

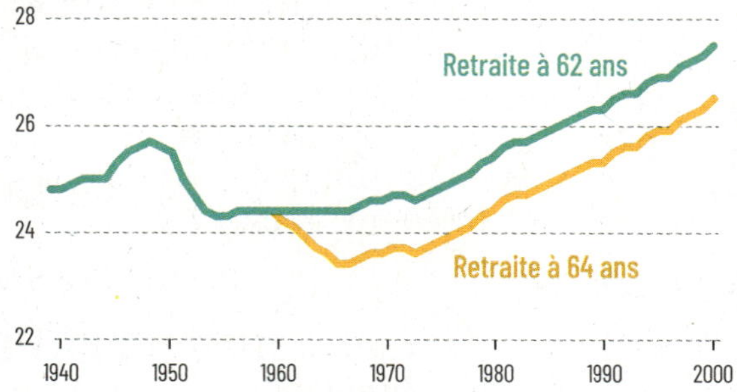

Lecture : selon le scénario central du COR, la génération née en 1968 peut espérer profiter de la retraite pendant 24 ans et demi avec la législation actuelle. Avec la réforme, sa durée de retraite diminuera à 23 ans et demi.

Ce dernier connaît par ailleurs un problème de recettes plus ancien, dont une part est due à de précédentes mesures d'économies générales. Ainsi, les politiques de maîtrise de la masse salariale dans les fonctions publiques hospitalières et territoriales, par exemple le gel du point d'indice, font entrer moins de cotisations dans les caisses et contribuent à une baisse des recettes en pourcentage du produit intérieur brut (PIB). Autant de sujets qui méritent débats et solutions appropriées. Dès lors que près de 350 milliards d'euros sont versés en pensions de retraite, il est nécessaire d'en faire entrer au moins autant dans les caisses.

Tout au long des consultations que le gouvernement a pu faire, il a pourtant refusé toutes les alternatives au report de l'âge. Pas question d'augmenter de quelques euros les cotisations « *au risque de faire perdre aux actifs 440 euros de revenu net moyen en 2030* », a calculé Bruno Le Maire. Pas question non plus de baisser les pensions, inacceptable pour le pouvoir d'achat des retraités.

Ouvrir des débats sur la taxation des retraités les plus riches, sur la mise en place d'un impôt spécifique, l'élargissement de l'assiette des cotisations à l'intéressement et la participation, l'abondement du fonds de réserve pour les retraites ou simplement sur l'objectif d'augmenter le taux d'emploi des seniors grâce à des programmes de financement de formations des salariés ou l'amélioration des conditions de travail… Toutes ces pistes, qui éviteraient d'en passer par une mesure d'âge, ne sont visiblement pas recevables aux yeux de l'exécutif.

A la place, le gouvernement a choisi la confrontation et réussi le tour de force de réunir unanimement contre lui les syndicats de salariés. Cela faisait douze ans que cela n'était pas arrivé. Ils savent que leur seule option pour faire reculer l'exécutif est de réussir à mener un mouvement social d'ampleur. A défaut, les « 64 ans » seront appliqués au 1er septembre.

Sandrine Foulon

La situation financière de notre système de retraite ne justifie pas un report de l'âge légal de départ. Plus inquiétante est la baisse à venir du niveau de vie relatif des retraités.

Un report à 64 ans dont on peut se passer

Drôle de *timing* ! Le gouvernement veut réformer le système des retraites pour en limiter le déficit au moment même où ce dernier affiche un excédent budgétaire pour la seconde année consécutive : 3,2 milliards d'euros en 2022, après les 900 millions d'euros dégagés en 2021. Certes, la situation devrait – légèrement – se dégrader dans les prochaines années. Le déficit attendu en 2027 est de 10,7 milliards d'euros. Ce qui pèse tout de même peu face aux 350 milliards d'euros de dépenses totales du système chaque année.

UN MANQUE DE RECETTES

Mais ce déficit est-il dû à un dérapage des dépenses ou à un manque de recettes ? La réponse du Conseil d'orientation des retraites (COR) est claire et nette : il n'y a *« pas de dynamique non contrôlée des dépenses de retraites »*, lit-on dans son dernier rapport publié en septembre 2022. Rapportées au produit intérieur brut (PIB), elles devraient se maintenir autour de 13,9 % sur le quinquennat. La suite de l'histoire est moins lisible, à cause d'un *« artefact statistique »* : le COR a pris l'hypothèse du gouvernement qui est d'atteindre progressivement le plein-emploi en 2027, avant d'appliquer à nouveau son hypothèse centrale qui est celle d'un taux de chômage structurel à 7 %. Ainsi, puisque le chômage remonte artificiellement après 2027, le PIB baisse et donc les dépenses de retraite rapportées au PIB augmentent. Mais cela n'est qu'un biais de statisticien et ne reflète pas la réalité.

Ce n'est qu'à partir de 2032 que les projections se fondent finalement sur les hypothèses classiques du COR. Et jusqu'à 2070, la tendance est à une stagnation, voire une légère baisse des dépenses : elles s'élèveraient à 13,7 % du PIB dans le scénario central du COR, qui table sur une hausse de 1 % par an de la productivité du travail.

Le déficit est donc bien lié à un manque de recettes. Ainsi, celui estimé pour 2027 résulte essentiellement d'un manque de ressources, lié aux mesures d'économies sur la fonction publique territoriale et hospitalière [1] qui réduisent le volume des cotisations collectées et, *in fine*, creusent le déficit des retraites, mais participent à la réduction du déficit public global. Bref, introduire une mesure d'âge comme le report à 64 ans n'est en aucune façon nécessaire pour « sauver » notre système par répartition, contrairement à ce que répète le gouvernement.

Malgré tout, le vieillissement de la population, lui, est bien réel. Le rapport entre le nombre de cotisants et le nombre de retraités va continuer à baisser sensiblement, passant de 1,7 cotisant par retraité en 2020 à environ 1,2 en 2070. Comment expliquer cet apparent paradoxe ? Il n'y a pas d'argent magique : si les dépenses diminuent tandis que le nombre de retraités augmente, c'est parce que les pensions seront moins

Personnes âgées en Picardie. Le taux de pauvreté des retraités en France est moindre que celui de l'ensemble de la population, mais il a nettement augmenté ces dernières années.
© SOPHIE CHIVET - AGENCE VU

[1] Gel du point d'indice, revalorisation en dessous de l'inflation, hausse de la part de primes qui, elles, ne sont pas soumises à certaines cotisations, réduction ou moindre augmentation des effectifs, etc.

généreuses. Et c'est déjà le cas, comme en témoigne la baisse du taux de remplacement* : dans le privé, il est passé de 79,1 % pour la génération née en 1938 à 74,8 % pour celle née en 1950, soit une baisse de 4,3 points. Dans le public, cette diminution est encore plus prononcée (6,2 points). Elle s'explique par *« une évolution des pensions moins dynamique que celle des salaires de fin de carrière »*, précise le COR. En cause : les précédentes réformes des retraites de 1987 et 1993 qui ont indexé les droits et les pensions sur l'inflation et non plus sur les salaires.

Si les dépenses de retraite ne déraperont pas, c'est aussi parce que, de toute façon, les Français vont partir de plus en plus tard à la retraite. Pas besoin d'une nouvelle loi pour cela. Une partie du boulot a déjà été accomplie par les réformes précédentes. Sans compter que les Français commencent à travailler de plus en plus tard. Résultat, dès 2038, l'âge moyen de départ à la retraite atteindra quasiment les 64 ans. Evidemment, il s'agit d'une moyenne. Si la réforme du gouvernement passe, ce chiffre augmentera mécaniquement puisque quasiment plus personne ne partira avant 64 ans. Avec de substantielles économies à la clé.

Car les retraites coûtent cher, c'est indéniable, et la France ne lésine pas en la matière. Avec l'Italie, l'Hexagone est l'un des pays de l'OCDE qui affichent les niveaux de dépenses de retraite les plus élevés. Ce n'est pas un problème en soi, tant que la dynamique de ces dépenses est maîtrisée. C'est un choix collectif, un modèle de société. D'autant plus marqué en France que ces dépenses sont essentiellement publiques. D'autres pays font largement plus de place au privé, comme les Etats-Unis, le Canada, les Pays-Bas et le Royaume-Uni, les fonds de retraite privés y étant très développés. Non sans risques

PAS DE DÉRAPAGE DES DÉPENSES

Dépenses du système de retraite observées et projetées, en % du PIB

Source : COR

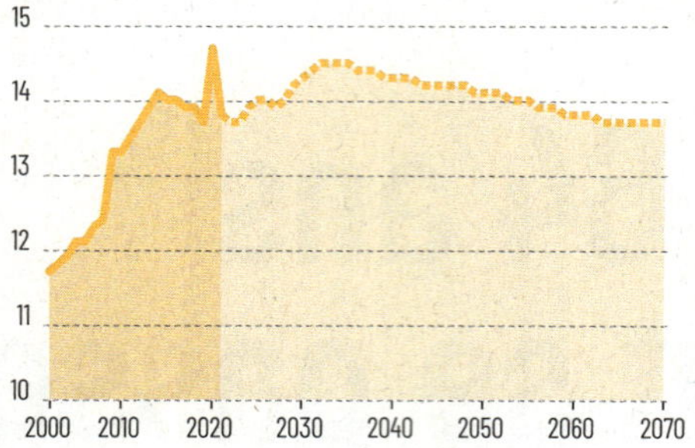

Lecture : le COR bâtit ses projections sur quatre scénarios de gains de productivité du travail. Nous avons retenu ici l'hypothèse centrale du COR : une hausse de 1 % par an de la productivité du travail et un taux de chômage à 7 % de la population active.

UNE BAISSE PROGRAMMÉE DU NIVEAU DE VIE RELATIF DES RETRAITÉS

Niveau de vie moyen des retraités rapporté à celui de l'ensemble de la population, par le passé et en projection, en %

Sources : COR et Insee

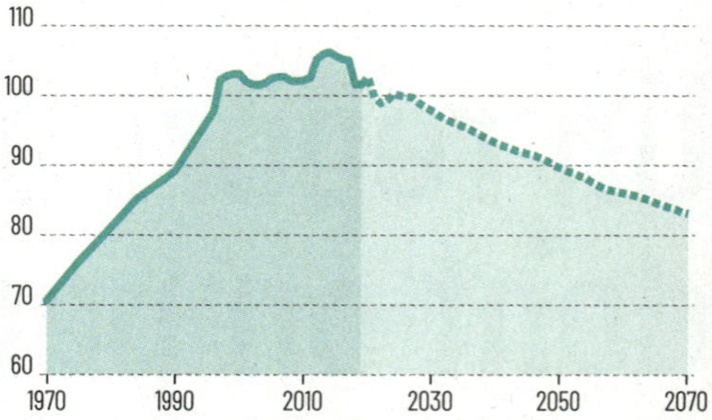

Lecture : en 2019, dernière année observée, le niveau de vie moyen de l'ensemble des retraités représentait 101,5 % de celui de l'ensemble de la population. Scénario central du COR.

financiers, comme les récents déboires des fonds de pension britanniques l'ont rappelé.

Mais au moins, l'argent que l'on dépense en payant les retraites de nos aînés n'est pas gaspillé. Cela mérite d'être souligné, car ce n'est pas toujours le cas en matière de dépenses publiques. En témoigne le taux de pauvreté des plus de 65 ans, particulièrement faible en France. Avec 10,9 % de personnes âgées qui vivent sous le seuil de pauvreté, l'Hexagone affiche l'une des meilleures performances européennes (la moyenne de l'Union européenne se situant à 16,8 %). Et c'est nettement moins que le taux de pauvreté de l'ensemble de la population française (14,4 % en 2021, selon Eurostat).

UN NIVEAU DE VIE QUI SE DÉGRADE

Cocorico ? Bizarrement, on entend rarement nos responsables politiques s'en féliciter. C'est pourtant une réussite de notre modèle de protection sociale : le taux de pauvreté des plus de 65 ans culminait à 35 % en 1970, soit une division par 3,5 en cinquante ans ! Deux bémols écornent tout de même ce satisfecit. Tout d'abord, grâce à notre système de retraite par répartition, les retraités ont actuellement le même niveau de vie que l'ensemble de la population. Il faut s'en féliciter, mais cela ne veut pas dire que tout est parfait : il reste de nombreuses inégalités à corriger au sein de ce système, notamment entre femmes et hommes ou pour mieux prendre en compte la pénibilité de certains emplois. Ensuite, même si le taux de pauvreté des retraités est plus faible que pour l'ensemble de la population, il a nettement augmenté ces dernières années, passant de 7,6 % en 2017 à 9,5 % en 2019, selon l'Insee.

Et selon le COR, le niveau de vie des retraités va se dégrader si on le compare avec celui du reste de la population. Avec la législation actuelle, en 2040, il serait de 5 % à 10 % inférieur et de 13 % à 25 % en 2070. Il reviendrait alors à des niveaux comparables à ceux des années 1980… Certes, avec la réforme, les salariés travailleront plus et cotiseront davantage. Ils auront donc de meilleures pensions. Mais ce gain [2] sera très loin de compenser cette baisse programmée du niveau de vie relatif des retraités. Plutôt que d'imposer au forceps une réforme socialement injuste, on aurait préféré que le gouvernement se penche sérieusement sur cette question.

Laurent Jeanneau

[2] Selon la Drees, le passage de 60 à 62 ans, acté par la réforme de 2010, devrait en effet augmenter de 2,5 % la pension relative (la pension nette rapportée au salaire moyen par tête) des futurs pensionnés de la génération née en 1980. On peut imaginer qu'un report de l'âge de 62 à 64 ans ait un effet similaire.

* **Taux de remplacement :** rapporte la pension perçue à la retraite aux derniers salaires touchés avant d'ouvrir ses droits.

IRONIE DE L'HISTOIRE

Ils étaient figurants dans le film *Tirailleurs*, qui rappelle l'ingratitude avec laquelle la France a traité ses soldats venus des colonies défendre une patrie qui n'était pas la leur. Quatre jeunes immigrés africains, arrivés mineurs en France où ils se sont formés et où désormais ils travaillent, se retrouvent aujourd'hui sous la menace d'une obligation de quitter le territoire français (OQTF), dans l'incompréhension générale. C'est en effet ce qu'on appelle une décision... tranchée.

VERT DE RAGE

Pour faire voir la vie en rose, le gouvernement a multiplié les numéros verts (gérés par Orange ?). Mais ça ne marche pas et les citoyens, marron, voient rouge. Du coup Macron, feignant d'être blanc comme neige, a piqué une colère noire le 5 janvier dernier contre un nouveau numéro : « *J'ai tenté* [de le joindre], *impossible d'avoir quelqu'un au bout du fil. A défaut d'avoir une solution, on a eu un numéro vert...* », a-t-il déclaré. Et il croit que l'opinion n'y verra que du bleu ? On rit jaune !

PAS DE CHANCE

Pour offrir des ressources supplémentaires à l'Office français de la biodiversité, la majorité présidentielle a mis en place un « Loto de la biodiversité » sur le modèle du Loto du patrimoine, en vigueur depuis 2017. Le concept : une fois par an, un loto dédié flèche les bénéfices dudit jeu. Vivement le tirage : baleine de Biscaye, phoque moine, et pour l'animal disparu complémentaire, le bouquetin des Pyrénées !

© GORDON WELTERS - LAIF/REA

Houille, houille, houille... Rassurez-vous, âmes sensibles : le monstre à la mâchoire d'acier ne va pas croquer le fragile équilibriste. C'est aux bâtiments alentour qu'il destine ses menaçantes quenottes. Des constructions qui appartiennent au village abandonné de Lützerath, près duquel les autorités allemandes, prises de court par la crise énergétique, ont décidé d'étendre une gigantesque mine de charbon à ciel ouvert. Ce qui suppose de mettre à bas le bâti. L'équilibriste et ses compères, perchés sur de précaires trépieds, sont des militants écologistes. Ils ont tenté de faire barrage de leurs corps au projet, car ils refusent le compromis négocié par le gouvernement allemand qui, en échange de l'extension à Lützerath notamment, prévoit la fin de l'exploitation du charbon en Rhénanie huit ans plus tôt que prévu. Le 16 janvier, la police est parvenue à déloger les derniers zadistes, empêchant d'autres anticharbon de les rejoindre. Même la célèbre Greta Thunberg a été empêchée d'aller à la mine. **Yann Mens**

EN CHIFFRES

+ 58 %. C'est l'évolution des quantités de gaz naturel liquéfié (GNL) importées en Europe en 2022. En voulant réduire la dépendance gazière à la Russie de Poutine, l'Union européenne a massivement misé sur ce gaz qui arrive sous forme liquide et par bateau. Les pays du Vieux Continent en ont importé pour 101 millions de tonnes, soit plus du quart des importations mondiales. L'Europe est ainsi devenue le premier marché pour cette énergie, passant devant les Chinois et les Japonais. Les principaux fournisseurs sont les Etats-Unis et le Qatar.

78 % des travaux de rénovation thermique au premier semestre 2022 en France étaient des « monogestes », selon le comité d'évaluation du plan France Relance. Or, de nombreuses études ont montré qu'un simple changement de fenêtres ou de chaudière est insuffisant pour diminuer nettement la consommation énergétique d'un bâtiment. Les milliards investis dans le dispositif MaPrimeRénov' seraient plus utiles s'ils finançaient des rénovations globales, mais celles-ci, plus complexes et coûteuses, ne représentent que 0,3 % des dossiers acceptés. Seule consolation, la part des monogestes (78 % au premier semestre 2022) recule. Elle était de 83 % en 2021 et de 91 % en 2020.

+ 8 %. Après son bond dans l'immédiat post-Covid, le vélo a continué d'accélérer en France l'année dernière. Le trafic enregistré par Vélo & Territoires, le coordinateur du réseau cyclable français, a progressé de 8 % en 2022 par rapport à l'année précédente. Cette progression doit cependant surtout aux villes, où le trafic a augmenté de 10 %, porté par de très bons chiffres en semaine. Les territoires périurbains (0 %) et le rural (– 1 %) ont, de leur côté, calé. La météo explique en partie cette stagnation, car la pratique du vélo y est davantage tournée vers les loisirs le week-end.

La Question des abonnés

“ Baisser la TVA pour maîtriser l’inflation ? ”

Depuis le début de l’année, et pour six mois, la TVA a été abaissée de 4 % à 0 % pour les produits de première nécessité en Espagne. Le pain, le lait, le fromage, les fruits, les légumes et les céréales sont concernés. Pour d’autres produits, comme l’huile ou les pâtes, elle est passée de 10 % à 5 %. N’est-ce pas là une façon efficace de lutter contre l’inflation ?

Avant de répondre à cette question, puisque la TVA est gérée au niveau européen, il faut déjà se demander si c’est légal. La réponse est oui : le gouvernement espagnol s’appuie sur une réforme d’avril 2022 de la loi européenne sur le sujet qui permet de ramener certains taux de TVA, notamment pour les produits alimentaires, à zéro. Il est donc possible de le faire. Mais est-ce le bon outil pour répondre à l’inflation ?

Nous avons un exemple récent d’une telle mesure en France. En juillet 2009, le gouvernement a abaissé le taux de TVA dans la restauration de 19,6 % à 5,5 %. Cela s’est-il traduit par une baisse des prix ? Oui, mais très faible, répondent les experts de l’Institut des politiques publiques (IPP).

Selon leur étude, *« trente mois après la baisse de TVA, les prix ont seulement diminué de 1,9 % »*. Les salariés en ont également peu profité en termes de rémunération. De même, le Conseil des prélèvements obligatoires a estimé que cela avait pu occasionner la création de 6 000 à 9 000 emplois supplémentaires, soit un coût exorbitant de 175 000 à 262 0000 euros par emploi peu qualifié ! En revanche, *« les bénéfices des propriétaires ont augmenté d’environ 24 % »*, précise l’IPP. Il y a de grandes chances qu’une baisse de la TVA serve à accroître les marges des entreprises plus qu’à faire baisser les prix.

Vient ensuite le moment où il faut revenir sur ces baisses temporaires. Et, là aussi, le constat de l’IPP est sans appel : *« Nous remarquons que les prix ont augmenté entre 4 et 5 fois plus qu’ils n’ont diminué après la réduction de la TVA. »* Au final, le niveau des prix, et l’empiétement sur le pouvoir d’achat, est plus fort après la mise en œuvre de ce genre de mesures qu’avant… On peut sûrement trouver mieux comme politique de lutte contre la hausse des prix.

Pourquoi ne pas rendre la mesure définitive ? Il est toujours délicat pour un gouvernement de jouer avec les taux de TVA, car c’est une recette fiscale importante. Ainsi, dans le projet de loi de finances pour 2023, l’Etat attend 215 milliards d’euros de recettes fiscales venant de cette taxe, loin devant l’impôt sur le revenu (89 milliards) ou sur les bénéfices des sociétés (59 milliards). Qui plus est, en période d’inflation, la valeur de la consommation augmente et les recettes de TVA sont mécaniquement plus fortes : c’est donc un moyen de réduire le déficit et la dette dans un contexte de hausse des taux d’intérêt.

Selon l’Insee, le taux d’inflation en France s’est établi en décembre 2022 à 5,9 % sur un an, loin de la moyenne (9,2 %) de la zone euro. Maîtriser l’inflation réclame aujourd’hui d’engager des politiques de sobriété énergétique pour éviter d’avoir à transférer nos revenus aux pays producteurs de pétrole et de gaz, en particulier l’hiver prochain, que les spécialistes prévoient déjà tendu en matière d’offre.

Christian Chavagneux

47 % de nos abonnés ont choisi cette question.

Chaque mois, votez sur notre site pour le sujet que vous préférez. Prochain rendez-vous le 1er février.

GROSSE FICELLE

Pantin, ville de banlieue parisienne, va s'appeler « Pantine » pendant un an. La municipalité souhaite ainsi sensibiliser le grand public au combat de l'égalité femmes-hommes. La mesure est purement symbolique, mais c'en est déjà trop pour les conservateurs français, qui se sont indignés de cette décision, tombant dans le grossier piège de la com' de la mairie. On ne peut que la féliciter pour ce coup réussi, et encourager Mâcon à faire preuve d'autant d'audace !

SUPERCYNISME

« J'en ai comme vous assez qu'on ait des gens qui, sur la base de la crise, fassent des profits excessifs », expliquait Emmanuel Macron dans une conférence de presse début janvier. Son ministre de l'Economie, Bruno Le Maire, clamait pourtant fin août, lors de l'université d'été du Medef : *« Je ne sais pas ce qu'est un superprofit. »* Gageons que le président organisera une formation lors du prochain Conseil des ministres.

CONNECT(U)É

Une proposition de loi écolo déposée fin 2022 voulait interdire la chasse durant le week-end, les jours fériés et les vacances scolaires. Le gouvernement s'y est opposé et a proposé des mesures alternatives. Parmi elles, la création d'une appli mobile qui permettra aux promeneurs de connaître les lieux et horaires à éviter. Scruter un écran tout en priant pour qu'il y ait du réseau, c'est sympa la rando 2.0.

1 MAYENNE (53)

RSA. Lentement mais sûrement, gouvernement et départements avancent vers le *workfare*, ce système qui conditionne le versement des aides sociales à la réalisation d'heures de travail. En 2023, 18 départements (de la Mayenne à La Réunion en passant par l'Eure ou l'Aveyron) et la métropole de Lyon vont expérimenter pendant un an le « dispositif rénové » d'accompagnement des allocataires du RSA. En échange de l'aide sociale, ces allocataires devront réaliser 15 à 20 heures d'activités par semaine, au profit d'une entreprise ou d'une collectivité, ou pour de la formation. Le but ? Améliorer le volet insertion de l'allocation, qui marche mal. Problème : cela suggère que c'est par manque de volonté que les gens sont au RSA. 40 000 personnes, sur les deux millions de foyers le percevant au niveau national, vont être concernées.

2 ALPES-MARITIMES (06)

Guerre. Le ministère de l'Economie a annoncé mi-janvier avoir mené en septembre une *« opération d'investigations ciblées »* dans les Alpes-Maritimes, notamment auprès des agences immobilières. Objectif : contrôler que le gel des avoirs russes est bien effectif. Depuis le déclenchement de la guerre en Ukraine, l'Union européenne a en effet décidé de geler les avoirs russes détenus à l'étranger. Une décision à l'impact important sur la Côte d'Azur, très prisée des Russes les plus riches. L'opération a montré que 60 % des opérateurs contrôlés *« méconnaissaient ou n'appliquaient pas leurs obligations en la matière »*, censées empêcher notamment la vente ou la location de biens immobiliers russes. Bercy promet une vigilance accrue.

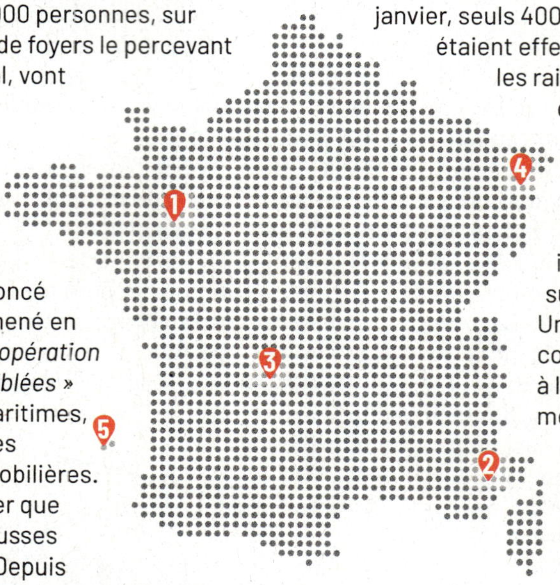

3 HAUTE-VIENNE (87)

Energie. Comme toutes les autres communes, Limoges (130 000 habitants) est étranglée par les prix de l'énergie. A consommation inchangée, la facture municipale aurait dû passer de 4 à 16 millions d'euros entre 2021 et 2023. Pour la contenir à 13 millions, le maire a annoncé mi-décembre un plan d'économies drastique. Parmi les mesures, la baisse de la température dans la plupart des bâtiments municipaux (18 °C), le retrait d'une ampoule sur deux ou encore l'installation accélérée de LED pour l'éclairage. Par ailleurs, la fermeture « estivale » de la patinoire débutera dès le 16 avril, de quoi faire hurler les clubs de sports de glace. *« Je choisis l'énergie comme variable d'ajustement, sinon, c'est le personnel »*, s'est justifié l'édile.

4 BAS-RHIN (67)

RER. Faux départ pour le RER à la strasbourgeoise. Le 11 décembre dernier, la métropole de Strasbourg et la région Grand Est inauguraient en grande pompe le Reme (Réseau express métropolitain européen). Derrière ce sigle, les élus locaux promettaient l'ajout de 800 trains par semaine dans la métropole. Début janvier, seuls 400 supplémentaires étaient effectivement sur les rails. Les syndicats de cheminots, qui avaient pronostiqué ces difficultés, estiment que l'infrastructure ferroviaire est insuffisante pour supporter l'offre prévue. Un faux départ qui confirme la difficulté à lancer des RER métropolitains, alors qu'Emmanuel Macron en a récemment promis une dizaine dans toute la France.

5 MARTINIQUE (972)

Chlordécone. Le tribunal judiciaire de Paris a prononcé, le 5 janvier, un non-lieu dans le cadre de l'enquête sur l'utilisation du chlordécone entre 1972 et 1993 dans les bananeraies de Martinique et de Guadeloupe alors que de multiples études et rapports avaient alerté sur sa toxicité. Les juges ont estimé que les faits étaient prescrits ou insuffisamment caractérisés. Mais ils reconnaissent l'existence d'un *« scandale sanitaire »* et évoquent *« les comportements asociaux de certains des acteurs économiques de la filière banane relayés et amplifiés par l'imprudence, la négligence, l'ignorance des pouvoirs publics »*. Pas de quoi soulager la Guadeloupe et la Martinique, où le taux de cancer de la prostate est parmi les plus élevés au monde.

L'Objet

La fin du timbre rouge sonne-t-elle le glas pour La Poste ?

Exit la petite Marianne rouge ! Depuis le 1er janvier, il n'est plus possible d'envoyer un courrier prioritaire avec le timbre rouge et la promesse d'une livraison le lendemain. A la place, La Poste propose, pour le même prix, une e-lettre rouge, consistant à taper son message sur son site ou à se rendre à un guichet pour le faire scanner par un agent. Le courrier sera ensuite imprimé dans le bureau de Poste le plus proche du destinataire et ce dernier le recevra dans les mêmes délais. « *A ça d'inventer le mail à 1,49 € !* », ont réagi certains ironiquement face à ce qui ressemble à un changement d'ère pour La Poste.

Justin Delépine

2. FACTEURS Si la direction de l'entreprise s'en défend, les syndicats craignent une généralisation de la suppression des tournées quotidiennes, qui serait le corollaire de la fin du timbre rouge. Mettant en avant la baisse du volume du courrier, divisé par deux en dix ans, La Poste avait jusqu'ici principalement augmenté le tarif des timbres pour compenser la baisse d'activité.

1. TOURNÉES Parallèlement à l'abandon de la promesse de livrer le courrier le lendemain, La Poste va tester dans 68 zones, à partir de mars, la fin des tournées quotidiennes. Le facteur ne passera plus dans chacune d'entre elles qu'un jour sur deux.

3. TRAVAIL La conséquence risque d'être une intensification du travail des plus de 60 000 facteurs. Car si le volume du courrier se réduit, le nombre de boîtes aux lettres, lui, continue d'augmenter. Et donc la charge de travail des facteurs, qui ne suit pas la même évolution que celle du courrier. D'autant que l'effectif des facteurs, lui, diminue d'année en année.

4. SERVICE PUBLIC L'autre répercussion devrait être une dégradation du service rendu. La promesse d'acheminement rapide et du respect de la confidence du courrier est en effet mise à mal. D'où le risque d'un cercle vicieux, la détérioration du service accélérant la baisse de son utilisation.

5. FINANCEMENT Aux origines de cette stratégie se trouve notamment la diminution des dotations de l'Etat à La Poste pour ses quatre missions de service public : accessibilité bancaire, aménagement du territoire, service universel postal et transport de la presse. Pour 2020, l'entreprise calculait ainsi 1,8 milliard d'euros de charges non compensées.

COMPTEUR À ZÉRO

Au Danemark, une profession est en voie de disparition. Pour la première fois en 2022, aucun braquage de banque n'a eu lieu de toute l'année dans le pays. En 2021, un seul avait été recensé, qui n'avait visiblement pas donné envie aux malfrats de retenter l'expérience. Comme l'argent liquide est de moins en moins utilisé, de même que dans les autres pays scandinaves, les braqueurs de banques n'y ont tout simplement… plus rien à voler. Rendez-vous pour un bilan de compétences ?

LE VERT ET LE NOIR

Les Emirats arabes unis, qui accueilleront la COP28 à la fin de l'année 2023, ont choisi pour présider l'événement Sultan Ahmed al-Jaber, qui est à la fois leur ministre de l'Industrie et… le président de la compagnie pétrolière nationale Adnoc. Confier l'avenir de la planète à un vieux fossile ? Espérons que l'idée ne soit pas renouvelable !

Y A QUELQU'UN ?

Toute personne osant s'aventurer dans l'enceinte de la Chambre des députés ou du Sénat haïtien n'entendra désormais plus que l'écho comme seule réponse à ses interrogations. Depuis le 9 janvier, Haïti ne compte plus aucun élu national, député ou sénateur. Aucune élection n'a été organisée depuis six ans et, depuis 2021, ne restaient en poste que dix sénateurs, dont le mandat vient d'arriver à échéance. En voilà qui ont dû se sentir bien seuls ces derniers mois.

ET AILLEURS…

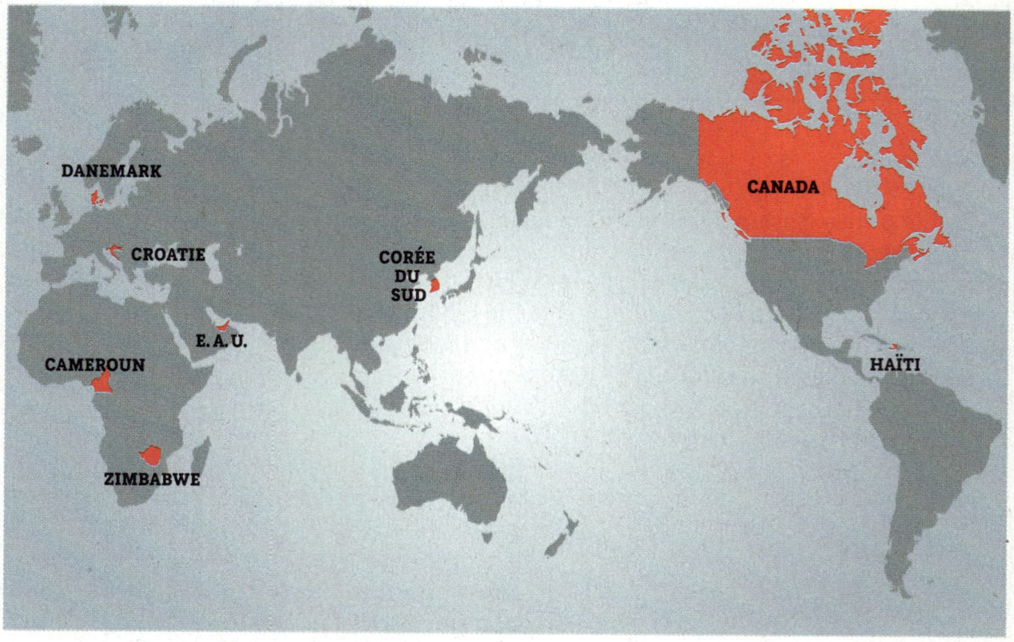

ZIMBABWE

Minerais. Au Zimbabwe, il n'est désormais plus possible d'obtenir de permis d'extraction pour plusieurs minerais stratégiques. Le diamant, le cuivre, le lithium, le nickel et les terres rares, utiles notamment à la fabrication de batteries électriques, sont concernés. Le gouvernement zimbabwéen cherche ainsi à reprendre la main sur ce secteur clé pour son économie. Les exploitants actuels devront aussi fournir davantage d'informations sur leur activité, notamment la nature précise des minerais exploités. Et les contrôles seront renforcés pour lutter contre la contrebande.

CROATIE

Euro. Moins de dix ans après son entrée dans l'Union européenne, en juillet 2013, la Croatie a adopté l'euro le 1er janvier 2023, en remplacement de sa kuna nationale. Grâce à ce changement, Zagreb espère une augmentation des investissements étrangers. La Croatie a par la même occasion rejoint l'espace Schengen, ce qui, selon le gouvernement pro-européen de Zagreb, devrait se traduire par une hausse de la fréquentation touristique. L'association croate pour la protection des consommateurs à quant à elle alerté sur les cas d'arrondis à la hausse des prix.

CANADA

McKinsey. Au Canada, les partis d'opposition exigent l'ouverture d'une enquête parlementaire pour faire la lumière sur les contrats passés entre la société de conseil McKinsey et le gouvernement libéral de Justin Trudeau. Une enquête publiée début janvier par Radio-Canada a en effet révélé que les sommes versées à la société sont passées de 2,2 millions de dollars canadiens en neuf ans sous la mandature du conservateur Stephen Harper (2006-2015), à 100 millions depuis le début de celle de Trudeau il y a sept ans. De nombreux contrats auraient été signés sans appels d'offres préalables.

CORÉE DU SUD

Pollution. La pollution atmosphérique a atteint des records en Corée du Sud. Début janvier, les concentrations de particules ultrafines (PM 2,5) et fines (PM 10) étaient respectivement de 86 et 143 μg/m³ selon le ministère de l'Environnement, contre 18 et 36 μg/m³ en 2021. Le gouvernement s'était fixé, fin décembre, un nouvel objectif : atteindre une concentration moyenne en particules ultrafines de 12 μg/m³ d'ici à 2032. L'Organisation mondiale de la santé recommande un seuil de 5 μg/m³.

CAMEROUN

Poissons. La Commission européenne a proposé aux Etats membres d'inscrire le Cameroun sur la liste des pays « non coopérants en matière de lutte contre la pêche illicite non déclarée et non réglementée ». Le pays, qui avait reçu un avertissement à l'hiver 2021, pourrait ainsi rejoindre une liste noire déjà composée du Belize, du Cambodge, des Comores, de la Guinée et du Sri Lanka. Outre une interdiction d'exporter, l'inscription sur cette liste interdit aux Européens d'acquérir des bateaux battant pavillon camerounais.

Le Graph

PRIX DU GAZ : UNE ACCALMIE, POUR COMBIEN DE TEMPS ?

Prix des achats de gaz sur le TTF néerlandais, principale plate-forme d'échange de gaz en gros, en euros par MWh

Source : Title Transfer Facility

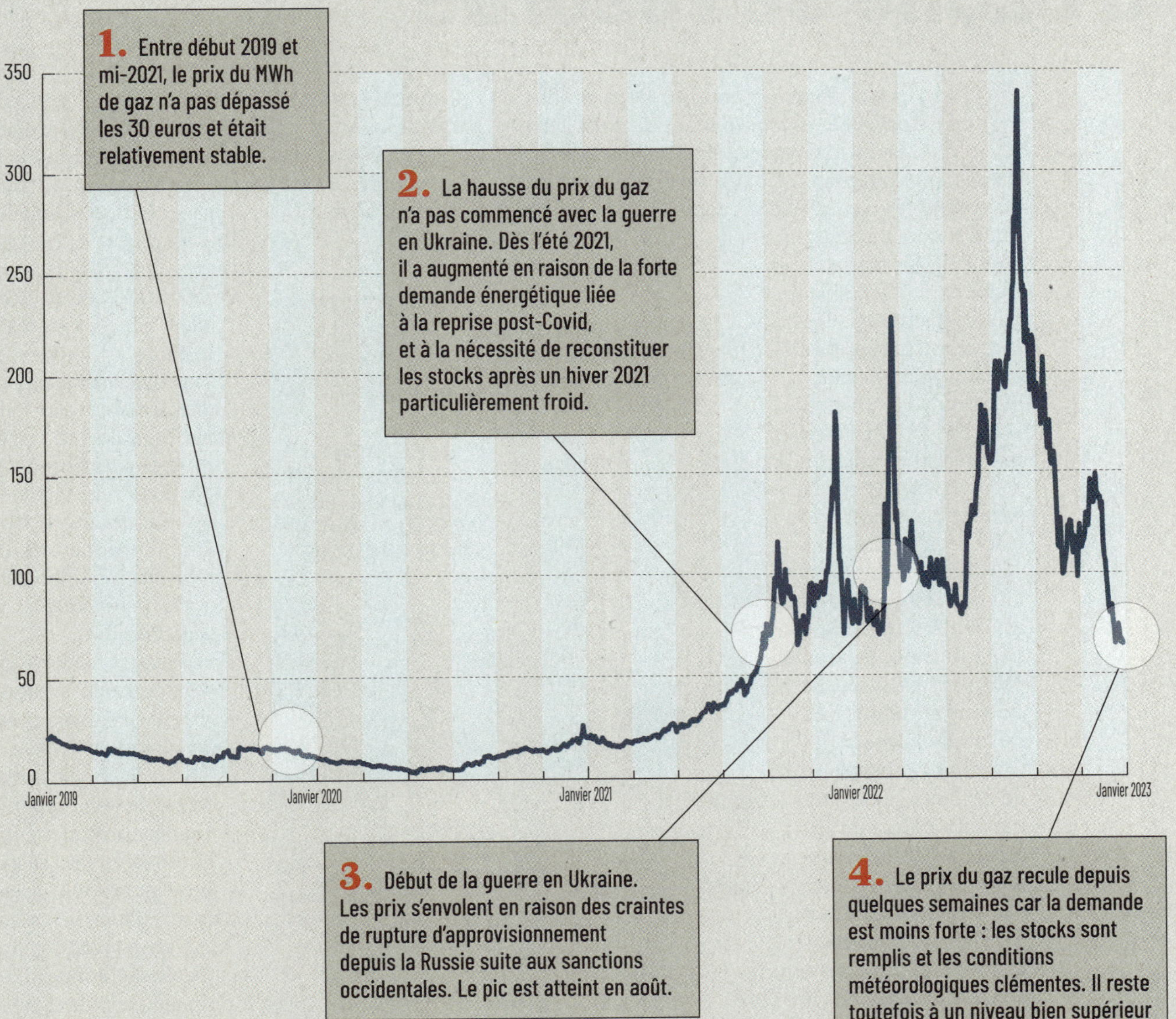

A compter du 15 février, les Etats européens vont plafonner le prix du gaz acheté en gros, c'est-à-dire par les fournisseurs d'énergie, à la Russie. Le prix plafond fixé à 180 euros sera flexible pour rester toujours supérieur de 35 euros au cours mondial du gaz naturel liquéfié (GNL). Au vu du niveau actuel des prix du gaz, ce système âprement négocié entre les Etats membres n'aura pas d'impact dans l'immédiat mais pourrait éviter de nouvelles augmentations excessives lors de la période de remplissage des réserves après l'hiver. Il comporte toutefois un certain nombre de conditions permettant de le désactiver en cas de craintes sur la sécurité d'approvisionnement.

Aude Martin

La Bonne nouvelle

Le trou dans la couche d'ozone se résorbe

Dans une marmite, mettez deux atomes d'oxygène, et vous obtenez du dioxygène. C'est lui que vous respirez et appelez communément « oxygène ». Ajoutez un troisième atome d'oxygène et vous créez de l'ozone. Celui-ci est fortement concentré dans une partie de la stratosphère située entre 15 et 35 kilomètres d'altitude : c'est la couche d'ozone, qui a pour avantage de filtrer les rayons ultraviolets UVB. Elle constitue donc une protection contre les coups de soleil et, accessoirement, permet l'existence de la vie sur Terre.

Problème, dans les années 1970, la communauté scientifique sonne l'alerte après avoir découvert que la couche d'ozone se dégrade en raison de l'accumulation dans l'atmosphère de certains gaz contenant du chlore et du brome. En cause notamment, les chlorofluorocarbures (CFC) et les hydrochlorofluorocarbures (HCFC), utilisés alors dans les climatiseurs, les réfrigérateurs, les bombes aérosols, les mousses isolantes et même les semelles de chaussures. Sans oublier le bromure de méthyle, pulvérisé comme pesticide sur des cultures. Ces gaz dégradent les molécules d'ozone, provoquant un amincissement de la couche d'ozone. Le phénomène est particulièrement intense au-dessus de l'Antarctique pendant l'été : c'est le fameux « trou dans la couche d'ozone », découvert au milieu des années 1980.

Pour une fois, la réaction de la communauté internationale est rapide et efficace. Dès 1981, le Programme des Nations unies pour l'environnement (Pnue) démarre des négociations, qui aboutissent en 1987 à la signature du protocole de Montréal. Le texte interdit la majeure partie des substances détruisant la couche d'ozone, à partir de 1996 pour les pays les plus développés, et de 2010 pour les autres. Quarante ans après ses débuts, le processus est un succès. Si les politiques actuelles restent en place, *« la couche d'ozone devrait se reconstituer dans les quatre décennies à venir »*, s'est réjoui le Pnue en janvier, en s'appuyant sur le rapport d'information quadriennal, équivalent du rapport du Giec pour l'ozone. Le protocole de Montréal est *« l'un des accords mondiaux en matière d'environnement ayant obtenu le plus de résultats »*, juge l'organisme.

Le texte a aussi permis de lutter contre le réchauffement climatique en évitant un réchauffement de 0,5 à 1 °C d'ici le milieu du siècle par rapport à un scénario où les émissions visées par l'accord auraient continué à augmenter. Plus récemment, l'amendement de Kigali au protocole de Montréal, un accord supplémentaire signé en 2016, prévoit la réduction progressive des hydrofluorocarbures (HFC). Ces substances, qui ont remplacé les CFC, ne dégradent pas la couche d'ozone mais contribuent au réchauffement climatique. Si bien que le respect de l'amendement de Kigali permettrait d'éviter un réchauffement de 0,3 à 0,5 °C d'ici la fin du siècle, selon le rapport. Scientifiques et responsables onusiens appellent malgré tout à la vigilance, car les émissions de certains gaz nocifs pour la couche d'ozone ou le climat sont parfois plus élevées que dans les estimations officielles. C'était le cas du CFC-11 dans les années 2010 mais aussi du HFC-23 aujourd'hui. **Matthieu Jublin**

© CHRISTOPHE BOULZE

> « Les difficultés de recrutement nous prouvent que ce n'est pas encore l'avènement triomphant des machines »

Y'a du boulot !

par Sandrine Foulon

QUI A PEUR DE CHATGPT ?

Si vous ne connaissez pas ChatGPT, c'est que vous êtes sans doute tombé dans une faille spatio-temporelle. Impossible de la louper : la dernière coqueluche de l'intelligence artificielle (prononcer TchateDjipiti), accessible gratuitement, est de toutes les conversations depuis son lancement sur le marché le 30 novembre dernier par la start-up californienne OpenAI. Ses dernières versions sont il est vrai assez bluffantes. ChatGPT est capable de commenter *Le mythe de Sisyphe*, de Camus, résumer la pensée de Keynes, trouver une solution à un problème, rédiger une lettre de motivation ou encore coder un programme. Contrairement aux précédents chatbots, renvoyés au Paléolithique, la syntaxe et l'orthographe de ChatGPT feraient pâlir d'envie bien des internautes. Interagir avec cette IA lui permet d'apprendre de ses erreurs, un travail que nous fournissons gratuitement à GPT. Une fois la curiosité dissipée, « la » question rituelle vient immédiatement à l'esprit : est-ce la mort programmée des développeurs, recruteurs, chargés de relation clientèle, juristes, *community managers*, journalistes ou encore des profs particuliers ? Pourquoi encore payer une aide aux devoirs à ses rejetons quand GPT résout des équations à cinq inconnues en trente secondes ? Avec GPT, remontent à la surface les grandes angoisses d'il y a dix ans lorsque l'étude Frey et Osborne, de l'université d'Oxford, prédisait que 47 % des emplois américains allaient être emportés par la révolution numérique, à commencer par les activités les plus répétitives. Se sont ensuivis d'autres travaux sur la voracité des algorithmes. En 2017, les chercheurs Daron Acemoglu et Pascual Restrepo montraient qu'entre 1990 et 2007, introduire un robot industriel dans une usine aux Etats-Unis pour 1 000 salariés détruisait cinq à six emplois, surtout parmi les plus manuels. Dix ans après les grandes séries d'articles sur le thème « les robots vont-ils voler nos boulots ? », exercice auquel *Alternatives Economiques* s'est largement plié, l'expérience apprend à être prudents. La grande hécatombe n'a pas eu lieu. Des emplois ont disparu, d'autres sont réapparus et les difficultés de recrutement dans nombre de secteurs nous prouvent plutôt que ce n'est pas encore l'avènement triomphant des machines.

Pas de compétences... humaines

ChatGPT ne devrait pas faire exception. Si maligne soit-elle, cette IA conversationnelle commet pas mal d'erreurs, n'est pas à jour (les infos sur lesquelles elle se base ne vont pas pour l'instant au-delà de l'année 2021). Impossible de lui demander de rédiger un article sur la pénibilité et les retraites (dommage !), ni de prédire le taux de croissance hexagonal. Conformiste, il lui manque la créativité, l'empathie, l'humour, le savoir-être, la vision d'ensemble, le décryptage du sens caché des choses et du comportement des individus dans un collectif de travail. Autant de compétences que les recruteurs rechercheront sans doute davantage à l'avenir chez les humains. Pour le reste, GPT sera-t-elle d'un grand secours pour redonner un coup de fouet à une productivité en perte de vitesse ? McKinsey avance que l'IA pourrait faire grimper le PIB mondial de 1,2 % tous les ans jusqu'en 2030... En attendant, la petite nouvelle OpenAI, fondée en 2015 entre autres par Sam Altman, son PDG, et Elon Musk, grignotera-t-elle Google aux mollets ? Il n'est pas certain qu'elle puisse déloger le géant bien installé dans le paysage des moteurs de recherche. Valorisée à 29 milliards de dollars, OpenAI, qui entend *« promouvoir et développer un raisonnement artificiel à visage humain »* va mettre sur le marché une version payante (GPTprofessional) qui sera utilisée sans risque de coupures. Pour l'heure, la bataille se joue surtout sur ce terrain-là. ■

ISADORA AU PAYS DU MANAGEMENT

par Fabrice Erre

Les entreprises accros à l'argent public

Oublié l'Etat-providence, vive le « *corporate welfare* », c'est-à-dire l'Etat au service du bien-être des entreprises ! Au cours des quarante dernières années, les firmes françaises sont devenues de plus en plus accros aux aides publiques. Et comme pour tout drogué, elles ont continuellement cherché à augmenter la dose. Au point que retirer d'un seul coup la perfusion d'argent public aujourd'hui provoquerait de sacrés problèmes à une grande partie d'entre elles.

Ce qui n'empêche pas de pouvoir s'interroger sur l'efficacité de ces aides. De ce point de vue, qu'on les juge nécessaires ou non, le constat reste le même : elles ont eu un impact très faible sur les créations d'emplois. Elles n'ont pas réussi à accroître la compétitivité des entreprises, ni permis d'investir dans des budgets de recherche et d'innovation. A l'inverse, on peut même penser que, pour une partie d'entre elles, les aides sont venues se substituer à la volonté d'innover. Pourquoi s'embêter à dépenser de l'argent pour devenir plus ingénieux que les concurrents quand il suffit de passer à la caisse ? Qui plus est, lorsque ladite caisse est alimentée par d'autres, en l'occurrence les ménages et un surcroît de dette publique ! Il est plus que temps de s'interroger sur cette évolution. ■

Dossier illustré par Boris Séméniako

UN POGNON

DOSSIER

DE DINGUE !

LE COÛT EXORI
DES AIDES AUX EN

La béquille fiscale aux entreprises coûte une fortune au budget, nourrit la dette publique et, loin d'avoir démontré son efficacité, a des répercussions négatives sur l'économie.

Sur un portail créé par la Chambre de métiers et de l'artisanat, on peut lire début janvier 2023 qu'il existe en France de l'ordre de 2 000 aides publiques aux entreprises ! Tout y passe : exonérations et abattements fiscaux, apports en capital, subventions à l'installation, à l'investissement, etc. Tous ces dispositifs permettent aux entreprises françaises de payer moins d'impôts, en toute légalité, et de recevoir une partie des dépenses publiques.

Problème : face à la multiplication de ces dispositifs, il est difficile de s'y retrouver. Même les questions les plus simples n'ont pas de réponse évidente : qui en bénéficie ? pour quel montant ? comment ces aides ont-elles évolué ?, etc. Seule certitude : un tour d'horizon des quelques éléments disponibles montre combien les entreprises françaises sont devenues accros à ces financements publics. Ce qui n'est pas sans conséquences négatives, non négligeables, pour l'économie française.

UNE EXPLOSION DES AIDES AUX ENTREPRISES

Total des aides reçues, en % du PIB et en % du budget de l'Etat
Source : Ires

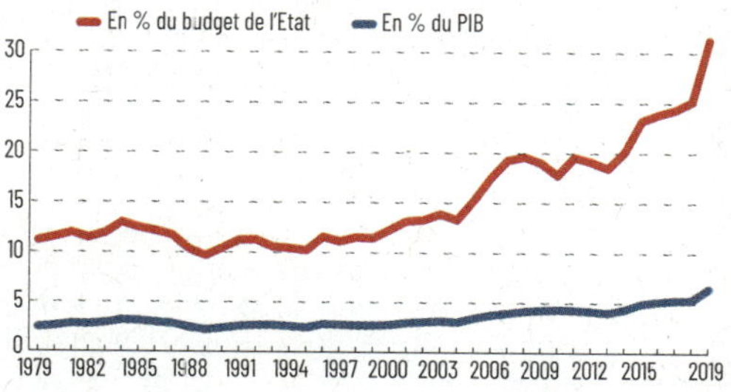

UN VÉRITABLE MAQUIS

Face au nombre et à la grande diversité des aides, qui peut retrouver son chemin dans ce maquis ? Sûrement pas les petites et moyennes entreprises (PME). « *C'est un sac de nœuds !*, s'exclame Bénédicte Caron, vice-présidente de la CPME en charge des affaires économiques et fiscales. *C'est très compliqué. Il faudrait qu'un patron de PME prenne le temps d'aller voir la totalité des aides, celles auxquelles il pourrait prétendre, ce que personne ne fait !* » Certes, il y a des dispositifs bien connus, comme les exonérations de cotisations salariales, et ceux-ci, les PME savent les utiliser. Sinon, « *les experts-comptables peuvent nous guider, bien qu'ils ne soient pas spécialistes non plus, ou bien une relation professionnelle qui fait le même métier transmet l'information. Ou encore un fournisseur, qui sait que vous pouvez bénéficier de*

ITANT

REPRISES

ceci ou cela, c'est dans son intérêt. Sinon, il est impossible de s'y retrouver »*, poursuit-elle.

C'est la raison pour laquelle une petite recherche sur Internet fait ressortir tout un florilège de cabinets de conseil prêts à aider le patron en détresse. Mais, selon Bénédicte Caron, *« c'est très peu fait. Ce n'est pas dans la mentalité d'un chef d'entreprise de se faire aider »*. Tous ne partagent pas ce point de vue, à l'image de ce dirigeant de PME, qui préfère rester anonyme. Il a déjà fait appel plusieurs fois à ce genre de cabinets. *« Ils font 80 % du boulot administratif, ce que nous n'aurions jamais pu faire en interne »*, explique-t-il. Autre avantage, *« ils savent les dossiers qui peuvent passer et ceux qui ne peuvent pas passer. Il y en a même qui vous expliquent comment faire en sorte que des dépenses non éligibles à une aide le deviennent »*. Et là, tout repose sur le degré d'éthique du chef d'entreprise. Combien coûte ce genre de conseils ? *« Ils nous demandent entre 10 et 12 % de la subvention »*, confie-t-il.

Si ces aides peuvent être réellement efficaces, au sens où des investissements n'auraient pas eu lieu sans elles, ce même dirigeant indique que dans son secteur la majorité d'entre elles se retrouve en fait dans les poches des grandes entreprises. *« C'est une évidence. Elles ont les ressources juridiques pour cela »*, complète Bénédicte Caron. En réalité, selon Maxime Combes, économiste à l'Observatoire des multinationales, qui vient de coécrire un ouvrage sur le sujet [1], *« il n'existe aucune ventilation précise de ces aides par taille d'entreprise. Cette opacité est problématique car elle rend très difficile la mesure de leur efficacité. On sait que des grands groupes en bénéficient et que, dans ce cas, elles sont plutôt inefficaces en termes de création d'emplois, de développement de la recherche, etc. Mais si l'on prend France 2030, par exemple pour ce qui est fléché vers le monde agricole, ce sont les start-up du secteur qui en sont les premières bénéficiaires, pas les grands groupes »*.

6,4 %

du PIB. C'est ce que représente le montant des aides reçues par les entreprises (contre 2,4 % en 1979). Soit plus de 30 % du budget de l'Etat ! Enorme. Et c'est sans compter les niches déclassées.

PLUS DE 150 MILLIARDS

En 2007, un rapport public a évalué le total des aides à 65 milliards d'euros. Puis un rapport de 2013 de l'Inspection générale des finances a avancé un montant de 110 milliards, avant que Gérald Darmanin, alors ministre des Comptes publics, les situe, en 2018, à 140 milliards.

Mandaté par la CGT et en appui avec des chercheurs du Clersé de l'université de Lille, l'Institut de recherches économiques et sociales (Ires), qui travaille pour les syndicats, a fourni fin 2022 sa propre estimation [2]. Les auteurs reconnaissent d'emblée qu'*« il ne peut y avoir une parfaite objectivité dans la réalisation d'un chiffrage »*. Leur calcul correspond aux dépenses budgétaires en faveur des entreprises, aux baisses de cotisations sociales octroyées et aux dérogations fiscales, les fameuses « niches fiscales », avec

[1] *Un pognon de dingue mais pour qui ? L'argent magique de la pandémie*, avec Olivier Petitjean, Don Quichotte-Seuil, 2022.

[2] « Un capitalisme sous perfusion. Mesure, théories et effets macroéconomiques des aides publiques aux entreprises françaises », par Aïmane Abdelsalam et *alii*, Ires, 2022, cutt.ly/60Lw4HH

deux possibilités, soit en ne prenant en compte que les niches actives ou bien en ajoutant les niches « déclassées », celles qui ont fini par être intégrées dans le droit commun et ont disparu de la liste des avantages dérogatoires.

Une fois ce travail effectué, le rapport livre plusieurs enseignements. D'abord, le montant exorbitant des aides reçues par les entreprises (157 milliards d'euros en 2019) : l'équivalent de 6,4 % du PIB (8,5 % si l'on ajoute les niches déclassées) ou encore de plus de 30 % du budget de l'Etat (41 % avec les déclassées) ! Ces transferts de richesse publique aux entreprises n'ont cessé de progresser : ils représentaient l'équivalent de 2,4 % du PIB en 1979 (2,6 % avec les niches déclassées). Les aides ont commencé à fortement s'accroître à partir du début des années 2000, puis après la crise de la zone euro au début des années 2010. La pandémie et la guerre en Ukraine ont encore fait grimper les montants.

Les ménages sont aujourd'hui les premiers financeurs d'une protection sociale progressivement privée de recettes pour cause d'aides aux entreprises

Pour Maxime Combes, on assiste au développement d'un *« corporate welfare »*, d'un Etat-providence pour les entreprises : *« La nature de la dépense publique se transforme : on rabote l'accès aux prestations sociales et aux services publics des ménages, d'un côté, et on étend l'intervention publique en faveur des entreprises, de l'autre. »*

LE PIÈGE DE LA DÉPENDANCE

Si au moins ces manques à gagner de recettes fiscales et ces dépenses publiques étaient efficaces, la dépense en vaudrait la peine. Mais ce n'est généralement pas le cas. On peut l'observer de manière spécifique sur des aides particulières de montants élevés (voir pages 29 à 31). En outre, ce n'est pas le seul problème.

L'étude de l'Ires montre que pour financer ces baisses d'impôts, la fiscalité des ménages a été accrue : l'impôt sur le revenu représentait un quart des recettes totales de l'Etat en 2019, une part en hausse de plus de 7 points par rapport à 2007. On transfère donc une partie du pouvoir d'achat des ménages aux entreprises. Le rapport d'évaluation des politiques de sécurité sociale (REPSS) en apporte une démonstration impressionnante. En 1995, les entreprises représentaient 65,2 % du financement de la Sécurité sociale. Après toutes les baisses de cotisations dont elles ont bénéficié, cette part est tombée à 46,9 % en 2020. Les ménages sont aujourd'hui, à travers leurs impôts, les premiers financeurs d'une protection sociale progressivement privée de recettes pour cause d'aides aux entreprises. Au total, selon les calculs des experts de l'OFCE, l'écart n'a jamais été aussi grand entre le taux de prélèvements obligatoires des ménages et celui des entreprises, ces dernières contribuant de moins en moins au financement collectif tout en en bénéficiant de plus en plus. Et comme l'augmentation des prélèvements sur les ménages n'y suffisait pas, la forte poussée des aides aux entreprises a également été financée par un accroissement de la dette publique qui a joué le rôle de mécanisme d'absorption de leur coût.

En plus d'être inefficaces et coûteuses, les aides créent une dépendance financière des entreprises qui fait que supprimer ces ressources aurait des conséquences négatives en matière d'emplois. En fait, la recherche universitaire montre que la meilleure incitation à l'innovation privée passe par la commande publique, avec un effet bien plus fort que les subventions et les incitations fiscales. C'est l'un des résultats clés mis en avant par les travaux de la chercheuse Mariana Mazzucato, dont le dernier ouvrage explique, à partir de la mission Apollo, combien la commande publique, y compris pour des investissements risqués, s'avère très largement bénéfique pour l'innovation, même quand les programmes finissent par échouer à l'image de celui du Concorde [3].

Les Etats-Unis l'ont bien compris : la commande publique, souvent celle de l'armée, est orientée vers l'innovation. En France, plutôt que d'innover, beaucoup d'entreprises préfèrent attendre de l'Etat qu'il leur distribue des béquilles fiscales. Ainsi, pour Maxime Combes, le niveau élevé des aides montre que *« les entreprises ne réclament plus le retrait de l'Etat mais sa transformation à leur profit. "On ne peut plus embaucher !", une aide ; "on ne peut plus payer les factures d'énergie !", une aide ; "il faut verdir la production ?", une aide ! »*. Face à n'importe quel changement économique, la réponse attendue de beaucoup d'entreprises, en particulier des plus grosses, est de réclamer une part croissante des dépenses publiques et une part réduite de contribution aux recettes fiscales.

Conclusion : la France se retrouve avec des aides publiques aux entreprises en pleine expansion, qui coûtent une fortune au budget et nourrissent la dette publique, pour une efficacité qui reste à démontrer. La prochaine fois que les représentants syndicaux du patronat se plaindront du niveau des dépenses publiques et de la dette, on saura leur pointer une piste sérieuse d'économies !

Christian Chavagneux

DES ENTREPRISES QUI CONTRIBUENT DE MOINS EN MOINS À L'EFFORT COLLECTIF

Taux de prélèvements obligatoires sur les ménages et les entreprises, en % du PIB

Source : OFCE

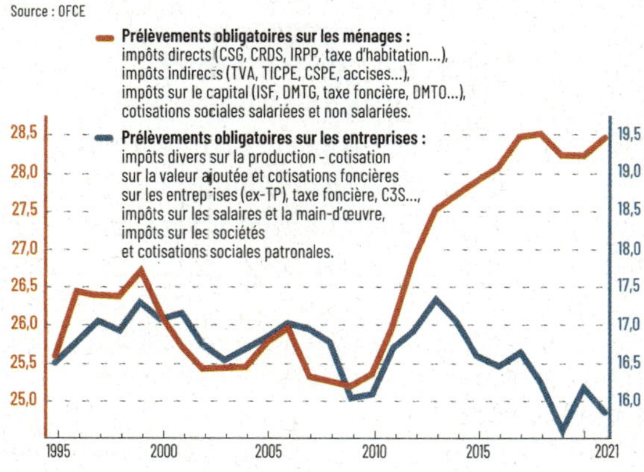

[3] *Mission économie. Un guide pour changer le capitalisme*, Fayard, 2022.

CES AIDES SONT-ELLES EFFICACES ?

Exonérations de cotisations sociales, crédit d'impôt recherche, TVA réduite pour la rénovation énergétique, taxe au tonnage, quatre dispositifs coûteux pour l'Etat sans avoir fait leurs preuves.

LES BAISSES DE COTISATIONS TIRENT L'ÉCONOMIE FRANÇAISE VERS LE BAS

En jetant un œil aux comptes de la Sécurité sociale, apparaît une catégorie à l'intitulé étrange : « Dispositifs d'exonération en faveur de l'emploi ». Les sommes qui y sont consacrées sont élevées et en constante hausse : près de 85 milliards d'euros prévus pour 2023, le triple d'il y a dix ans. Ce montant est constitué pour l'essentiel « d'allègements généraux », c'est-à-dire de réductions dégressives ou de baisses de taux de cotisations patronales sans contrepartie. Ces trente dernières années, tous les gouvernements ou presque ont apporté leur pierre à l'édifice.

« Ces mesures sont nées du postulat que le fort taux de chômage parmi les non-qualifiés à la

DOSSIER

fin des années 1980 était une conséquence d'un salaire minimum trop élevé », rappelle l'économiste Sophie Cottet [1]. Au début, elles ciblaient donc des salaires proches du Smic. Mais chaque nouvelle salve les a élargies à des salaires de plus en plus élevés : jusqu'à 2,5 Smic via le crédit d'impôt pour la compétitivité et l'emploi (Cice) instauré en 2013 et même à 3,5 Smic (environ 6 000 euros brut aujourd'hui) avec le pacte de responsabilité en 2016 afin de cibler aussi l'industrie, qui emploie une faible proportion de travailleurs à bas salaires comparée aux services, pour améliorer sa compétitivité. Désormais, plus de neuf salariés sur dix sont couverts par au moins un dispositif d'allègement.

Désormais, plus de neuf salariés sur dix sont couverts par au moins un dispositif d'allègement

DES « RÉSULTATS DÉCEVANTS »

Nombre d'études ont été menées pour évaluer les effets de ces mesures. Une note du Conseil d'analyse économique (CAE), publiée en 2019, en fait le bilan [2]. En conclusion, les auteurs recommandent *« une remise en cause »* des exonérations au-dessus de 1,6 Smic *« si les évaluations à venir confirmaient les résultats décevants tant sur l'emploi que sur les exportations »*.

L'une des raisons est que plus des niveaux de salaires élevés sont concernés par les allègements, plus les marges dégagées sont potentiellement utilisées pour augmenter les salaires au lieu d'embaucher ou de baisser les prix.

Pour justifier de ne conserver que le ciblage sur les bas salaires, la note du CAE mentionne notamment l'étude de Bruno Crépon et Rozenn Desplatz [3] – qui avait fait couler beaucoup d'encre lors de sa publication en 2001, trouvant un effet très positif sur l'emploi des mesures prises dans les années 1990 –, mais elle n'évoque pas d'autres évaluations comme celle de l'un de ses coauteurs, Yannick L'Horty [4]. Avec une méthodologie différente, ce dernier avait coréalisé une évaluation sur ces mêmes mesures, dont les résultats indiquaient à l'inverse un effet net *« très modéré »* sur l'emploi.

Quelle que soit l'ampleur de l'impact observé sur l'emploi, ces travaux trouvent un effet de substitution : les exonérations sur les bas salaires *« ont incité les entreprises à créer ou préserver des emplois peu qualifiés au détriment des emplois qualifiés qui sont, eux, porteurs d'innovations et de montée en gamme. Ces politiques (...) auraient donc contribué à tirer l'économie française vers le bas »*, en concluent les économistes Clément Carbonnier et Bruno Palier [5].

Une étude, portant sur les années 2004-2011, a même établi que ces mesures nuisent aux performances à l'export de l'industrie [6]. *« Moins les entreprises utilisent de travail qualifié, moins elles sont capables de rivaliser avec la concurrence sur des variables autres que les prix »*, par exemple la qualité de ses process ou l'innovation, explique l'une des autrices, l'économiste Nadine Levratto.

Concernant le Cice et le pacte de responsabilité, qui élargissent les allègements de cotisations à des salaires élevés, une évaluation de l'Institut des politiques publiques [7] ne trouve pas d'effets sur les exportations, mais prévient qu'il faut prendre ces résultats avec *« prudence »*.

Jean-Christophe Catalon

[1] « Payroll Tax Reductions for Minimum Wage Workers : Relative Labor Cost or Cash Windfall Effects ? », par Sophie Cottet, *Paris School of Economics Working Paper*, 2020.

[2] « Baisses de charges : stop ou encore ? », par Yannick L'Horty, Philippe Martin et Thierry Mayer, *Note du CAE* n° 49, janvier 2019.

[3] « Une nouvelle évaluation des effets des allègements de charges sociales sur les bas salaires », par Bruno Crépon et Rozenn Desplatz, *Economie et statistique* n° 348, 2001.

[4] « Allègement du coût du travail et emploi peu qualifié : une réévaluation », par Islem Gafsi, Yannick L'Horty et Ferhat Mihoubi, EPEE, université d'Evry, 2004.

[5] *Les femmes, les jeunes et les enfants d'abord. Investissement social et économie de la qualité*, par Clément Carbonnier et Bruno Palier, PUF, 2022.

[6] « Exportations et exonérations, les deux vont-elles de pair ? », par Aziza Garsaa et Nadine Levratto, EconomiX, 2018.

[7] « Coût du travail et exportations : analyses sur données d'entreprises », par Clément Malgouyres, *Rapport IPP* n° 20, 2019.

LE CRÉDIT D'IMPÔT RECHERCHE RATE SA CIBLE

A la faveur de la disparition du crédit d'impôt pour la compétitivité et l'emploi (Cice) converti en baisse pérenne de cotisations sociales, le crédit d'impôt recherche (CIR) est devenu l'année dernière la première niche fiscale de France, avec un coût estimé à 7 milliards d'euros pour les finances publiques. Créé en 1983, il est destiné à améliorer la compétitivité des entreprises et à stimuler l'innovation, et donc la croissance dans l'Hexagone. Modifié de nombreuses fois, le dispositif a fait l'objet d'une réforme d'ampleur en 2008 qui a fait bondir son coût. Depuis lors, il permet aux entreprises de bénéficier d'un crédit d'impôt sur les sociétés équivalant à 30 % de leurs dépenses de recherche et développement (R&D) jusqu'à 100 millions d'euros, et à 5 % de ces dépenses au-delà. Si la majorité des pays de l'OCDE dispose d'un outil fiscal similaire, le CIR « made in France » se distingue par sa générosité sans pareil. *« La France est de loin le pays qui accorde le plus de moyens aux soutiens de nature fiscale* [à la R&D privée] *relativement à son PIB (0,29 % en 2018), suivie par le Royaume-Uni (0,25 %), l'Autriche (0,19 %), l'Italie et la Belgique (0,18 %) »*, constatait la Cour des comptes en 2021 [1].

PEU D'IMPACT PARCE QUE MAL FICELÉ

L'effort supplémentaire consenti par la France depuis 2008 se chiffre ainsi à 54 milliards d'euros de créance additionnelle sur les douze années qui ont suivi, selon la Commission nationale d'évaluation des politiques d'innovation (Cnepi) [2]. Une impulsion qui n'a pas eu les effets attendus... La Cnepi a calculé qu'entre 2007 et 2019, le surcroît d'aides publiques (dont le CIR représente environ les trois cinquièmes) à la R&D (+ 0,18 point) s'est traduit par une hausse légèrement inférieure de l'effort des entreprises dans ce domaine (+ 0,16 point). Autrement dit, chaque euro supplémentaire d'aide publique a déclenché un peu moins d'un euro de dépense privée... Les études microéconomiques menées sur les entreprises bénéficiaires du dispositif par l'Institut des politiques publiques (IPP) [3] ne montrent par ailleurs pas d'impact significatif au global sur leur valeur ajoutée ou leur investissement, sauf l'investissement incorporel (achat de brevets ou de logiciels). Le CIR relèverait-il surtout de l'effet d'aubaine ?

Il faut dire que le dispositif apparaît bien mal ficelé. Exemple parmi d'autres, *« le CIR est aujourd'hui calculé au niveau d'une société au lieu de faire l'objet d'une consolidation au niveau du groupe,* relève la Cour des comptes. *Le seuil de 100 millions d'euros en deçà duquel s'applique le taux de 30 % est donc apprécié au niveau de chaque filiale d'un même groupe »*. De quoi inciter les grandes entreprises à éclater leur R&D entre plusieurs filiales pour des raisons d'optimisation fiscale.

Qui plus est, le dispositif français n'apparaît pas assez ciblé, arrosant d'abord les grandes entreprises, plus enclines de par leur taille à s'engager dans des activités de R&D. Les deux tiers du montant total du CIR bénéficient aux entreprises de plus de 250 salariés. A elles seules, 50 entreprises totalisent la moitié de la créance, relève la Cnepi. Or, les travaux menés par l'OCDE comme par l'IPP montrent que l'impact de ce type d'incitations fiscales est inversement proportionnel à la taille des entreprises. De fait, la plupart des pays réservent l'outil aux seules PME.

> La plupart des pays réservent leurs aides aux seules PME, alors que le CIR arrose les grandes entreprises

RÉINDUSTRIALISER SERAIT PLUS EFFICACE

Mais l'échec du CIR peut aussi s'expliquer par la structure de l'économie française, où les secteurs de moyenne-haute technologie (automobile, électronique, chimie, etc.), très intenses en R&D, pèsent moins qu'en Allemagne et voient leur part dans la valeur ajoutée décliner depuis trente ans. La désindustrialisation de l'Hexagone bride donc mécaniquement sa R&D, même si celle-ci aurait sans doute été moindre sans le CIR.

Au vu du rôle joué par l'industrie dans la R&D, l'argent du CIR serait mieux investi dans une politique visant à reconstituer l'appareil industriel, selon les auteurs d'un rapport de l'Ires publié avec le soutien de la CGT (voir page 27). La commande publique, en particulier, est un levier plus efficace pour stimuler l'innovation, arguent-ils, permettant de surcroît de l'orienter vers des domaines d'intérêt général, comme la transition énergétique. Reste que si le CIR n'a pas d'effet macroéconomique tangible, sa suppression aurait des effets récessifs sur l'activité et l'emploi, en raison de l'accoutumance des entreprises à ce juteux dispositif. ■ **Marc Chevallier**

[1] « La fiscalité de l'innovation : améliorer l'efficacité des dispositifs existants, poursuivre leur évaluation », octobre 2021, cutt.ly/02vCgds

[2] « Evaluation du crédit d'impôt recherche. Avis de la Cnepi », juin 2021, cutt.ly/b2vCRcG

[3] « Les impacts du crédit impôt recherche sur la performance économique des entreprises », mai 2021, cutt.ly/x2vCHM8

TAXE AU TONNAGE, UN DISPOSITIF ENCORE PERTINENT ?

3,8 milliards d'euros. C'est le coût de la taxe au tonnage en 2022 pour les finances publiques, ce qui en fait l'une des niches fiscales les plus importantes pour cette année. En effet, contrairement à l'ensemble des entreprises qui doivent reverser 25 % de leurs bénéfices à l'Etat, le secteur du transport maritime n'est pas soumis à l'impôt sur les sociétés. A la place, les armateurs voient imposer leur capacité de transport en tonnes, qu'ils fassent des bénéfices ou des pertes. Un régime qui, au global, leur profite puisque quand leurs profits s'envolent notamment, le montant de la taxe basée sur le tonnage reste le même. Or, c'est justement ce qui se passe aujourd'hui, à l'instar du géant marseillais CMA CGM, qui enregistre des bénéfices de plus de 15 milliards d'euros, soit autant que TotalEnergies. Le manque à gagner pour l'Etat suit ainsi la même évolution que la hausse de la profitabilité du secteur…

Adoptée en France en 2003, la taxe au tonnage est généralisée dans la quasi-totalité des pays européens. Son but est de conserver une flotte et des marins nationaux, mais surtout de lutter contre les pavillons de complaisance. Des pays, comme le Panama par exemple, permettent en effet à des armateurs étrangers d'inscrire librement leurs bateaux sous leurs pavillons, en échange d'une réglementation et d'une fiscalité très allégées. La version maritime du paradis fiscal, en somme.

> Le manque à gagner pour l'Etat suit la même évolution que la hausse de la profitabilité du secteur du transport maritime

A première vue, la taxe au tonnage a permis aux armateurs européens de résister. Le marseillais CMA CGM est le troisième plus grand transporteur maritime au monde, les deux premières places du podium sont trustées par l'italo-suisse MSC et le danois Maersk. Mais en réalité, la taxe n'est pas le seul dispositif de soutien au secteur. Les armateurs hexagonaux bénéficient aussi du registre international français, appelé également second registre, sur lequel, à quelques catégories de bateaux près, ils peuvent immatriculer librement leurs navires. Créé en 2005 afin d'aider les armateurs à résister face à la concurrence internationale, ce registre leur permet d'avoir jusqu'à 65 % de marins non européens, qui dépendent donc du droit et du coût du travail de leur pays d'origine souvent plus faible. Il prévoit aussi une réduction des cotisations sociales patronales pour les marins français. La Fédération internationale des ouvriers du transport (ITF) le classe d'ailleurs dans les pavillons de complaisance. Or, la moitié des navires marchands français y sont inscrits, et comme il s'agit des plus gros bateaux, cela représente 85 % du tonnage de la flotte tricolore.

DES AVANTAGES SANS CONDITIONS

Un comble : les armateurs qui bénéficient déjà de la taxe au tonnage pour résister aux navires de complaisance profitent aussi d'un registre d'immatriculation *low cost*. *« De la taxe au tonnage au second registre, ce sont autant de dispositifs pour lesquels l'Etat ne maîtrise pas la stratégie des armateurs, et de fait, il n'y a eu développement ni de la flotte ni des emplois »*, regrette Emmanuel Chalard, secrétaire général de la Fédération des officiers de la marine marchande (FOMM) CGT. Si un soutien à ce secteur confronté à une rude concurrence internationale peut se justifier, l'enjeu réside dans l'addition de ces dispositifs et dans l'absence de conditions. Réduction des exonérations fiscales ou sociales, obligation d'une plus grande proportion de marins nationaux à l'octroi de la taxe au tonnage : les pistes de réforme ne manquent pas.

Justin Delépine

À QUI PROFITE LE TAUX DE TVA RÉDUIT DANS LA RÉNOVATION ?

C'est un exemple parmi d'autres des régimes fiscaux particuliers qui sont très peu questionnés. Les travaux de rénovation énergétique bénéficient d'un taux de TVA réduit à 5,5 %, ce qui représente un coût annuel, ou manque à gagner pour l'Etat, de plus d'un milliard d'euros, et même de 1,4 en 2021. Un dispositif qui fait couler moins d'encre que l'aide gouvernementale aux travaux d'isolation MaPrimeRénov', alors qu'il représente, selon les années, entre 20 % et 30 % du soutien public financier à la rénovation énergétique, soit un peu moins que la prime.

5,5 %

C'est le taux de TVA appliqué aux travaux de rénovation énergétique.

Bénéficiant de longue date d'un taux réduit afin de lutter contre le marché noir, les travaux d'amélioration ou d'entretien de logements se sont vu séparer de ceux de rénovation énergétique en 2014. Impératif climatique oblige, rénover son logement afin de consommer moins d'énergie est désormais davantage incité qu'un simple ravalement (sans isolation), le premier chantier bénéficiant d'un taux à 5,5 % et le second d'un taux à 10 %. Cette réduction est-elle vraiment efficace ?

En 2016, la Cour des comptes s'est étonnée de l'absence d'étude sur le sujet : *« Faute de ces éléments, l'efficience de cette dépense fiscale n'est pas démontrée : en l'état actuel de l'information, son coût annuel apparaît même disproportionné par rapport à ses bénéfices estimés en termes d'activité et d'emploi du secteur concerné. »*

En 2017, l'Inspection générale des finances (IGF) note également qu'il est *« très difficile de documenter la contribution du taux réduit de TVA à l'atteinte de* [ses] *objectifs »*. Ce taux incite-t-il aux travaux ? Augmente-t-il les marges des entreprises et soutient-il l'emploi dans le secteur ? Peut-être un peu des deux, mais dans une proportion qui reste à mesurer. L'IGF pointe par ailleurs que n'étant soumis à aucune condition de ressources, le dispositif profite majoritairement aux ménages plus aisés qui réalisent davantage de travaux. Ce taux réduit est notamment accessible aux résidences secondaires, très concentrées parmi les riches.

PAS DE RÉNOVATION GLOBALE EXIGÉE

Sur l'aspect écolo, *« le taux de TVA réduit à 5,5 % n'encourage pas à faire des travaux performants ou globaux,* explique Maxime Ledez, de l'Institut du climat (I4CE). *Il finance des rénovations partielles sans conséquences importantes sur la consommation énergétique des bâtiments ».* C'est l'un des gros reproches faits à la politique de rénovation française : elle incite à juste changer des fenêtres ou le système de chauffage, au lieu de réaliser en une fois pour un moindre coût total une rénovation globale permettant d'améliorer significativement la performance énergétique. Le problème étant que les outils de financement, comme le taux réduit de TVA, n'y incitent pas.

« Ce dispositif est comptabilisé dans le budget comme favorable au climat, mais il faudrait aller plus loin, en alignant les instruments de financement de la rénovation sur nos objectifs climatiques, tel celui d'avoir un parc de bâtiments qui atteindrait en 2050 en moyenne un niveau basse consommation », ajoute Maxime Ledez. Une critique qui peut autant être adressée au taux de TVA réduit qu'à MaPrimeRénov'. Encore un exemple d'une politique publique qui additionne des outils de financement sans en mesurer les effets précis, ce qui ne permet pas de les rendre plus efficaces.

Justin Delépine

DÉBAT

À QUOI SERVENT LES AI

Limiter les délocalisations, soutenir l'emploi, la compétitivité, l'innovation… Les objectifs visés grâce aux aides aux entreprises sont nombreux. Elie Cohen et Laurent Cordonnier en débattent.

Pourquoi y a-t-il tant d'aides aux entreprises en France ?

© D.R.

Elie Cohen
Directeur de recherche émérite au CNRS, membre du Conseil d'analyse économique

Elie Cohen : Parce que, dans le même temps, la France taxe fortement ses entreprises. En Europe, c'est le deuxième pays pour les prélèvements bruts et pour les prélèvements nets, c'est-à-dire y compris si l'on prend en compte les aides qu'elles reçoivent. Ces dernières ne sont que la contrepartie d'un système de taxation particulièrement lourd. La France est « une économie de la prothèse », nous devons fournir aux entreprises de quoi supporter le poids des prélèvements qui pèsent sur elles. Entre l'impôt sur les sociétés et les aides, l'Etat est tout le temps présent dans la vie des entreprises.

Laurent Cordonnier : Je partage le même diagnostic : la France taxe beaucoup ses entreprises, bien plus que l'Allemagne par exemple. Mais je note que l'écart des prélèvements obligatoires nets des aides a tendance à se réduire : il correspondait à 12 points de valeur ajoutée en 1995, il n'est désormais plus que de 6 points. La question centrale est donc celle de l'efficacité de ces aides.

© D.R.

Laurent Cordonnier
Professeur d'économie à l'université de Lille et chercheur au Clersé

E. C. : C'est très simple : un tel écart, même réduit, représente un handicap majeur pour les entreprises françaises ! Comme le dit l'économiste Patrick Artus, nous avons les coûts élevés de l'Allemagne mais nous produisons des produits de moyenne gamme comme en Espagne, où les coûts sont faibles. Les aides sont là pour combler ces problèmes de compétitivité. La désindustrialisation de la France est un phénomène massif, elle montre que les aides restent insuffisantes pour empêcher le phénomène.

L. C. : Là encore, je partage le diagnostic : ces aides ne sont pas efficaces, en termes d'innovation, de compétitivité et, surtout, de création ou de sauvegarde des emplois.

Mais les aides sont générales, elles ne concernent pas que les entreprises en concurrence sur le marché mondial…

E. C. : C'est juste, et la raison est la suivante : on ne peut pas constitutionnellement discriminer les aides selon la nature de l'activité de l'entreprise.

L. C. : Si l'on s'intéresse aux résultats en termes d'emplois de toutes ces aides, ils sont particulièrement décevants. Par exemple, les évaluations du crédit d'impôt pour la compétitivité et l'emploi (Cice)

S AUX ENTREPRISES ?

– l'exonération de cotisations sociales sur les salaires – donnent un nombre d'emplois créés ou sauvegardés qui varie entre 0 et 240 000, soit une médiane à 120 000 emplois pour environ 22 milliards d'euros d'aides, ça fait cher l'emploi ! Peut-on se permettre de dépenser autant d'argent public pour un résultat aussi médiocre ? L'impact a été faible également sur l'investissement : l'argent a permis aux entreprises de gagner un à deux points de marge supplémentaires. Je n'appelle pas cela une économie sous prothèse mais un capitalisme français sous perfusion. Cette baisse massive de cotisations et de fiscalité engagée depuis les années 2000 correspond à une stratégie défensive de l'Etat où le pays tire mal son épingle du jeu dans un contexte globalisé et financiarisé, mais avec peu d'effets donc sur les objectifs politiques poursuivis.

> « La France est « une économie de la prothèse », nous devons fournir aux entreprises de quoi supporter le poids des prélèvements qui pèsent sur elles »
>
> ELIE COHEN

E. C. : Rappelons tout de même la logique poursuivie. Au niveau européen, nous nous sommes fixé des règles communes à respecter selon l'idée que ces dernières allaient favoriser la montée en gamme et la spécialisation des différents pays du continent. La condition étant que cette montée en gamme soit tirée par un effort particulier d'innovation, lui-même permis par un investissement dans la recherche et l'économie de la connaissance. Mais vingt ans après, force est de constater que les dépenses de recherche d'un pays comme la France ont totalement stagné. Nous n'avons jamais autant parlé de recherche et d'innovation et nous n'en avons jamais aussi peu fait.

Pourquoi ?

E. C. : L'une des raisons est le cercle vicieux de la désindustrialisation. La recherche est principalement portée par les grands industriels. Mécaniquement, quand leur présence sur le territoire se réduit du fait des délocalisations, l'effort d'innovation chute également. En parallèle, l'ensemble des gouvernements, de droite comme de gauche, n'a jamais pris au sérieux ce nécessaire soutien à la recherche et l'innovation.

Faute d'augmentation de dépenses en recherche et donc de montée en gamme de l'économie, les gouvernements successifs ont additionné les dispositifs d'aide aux entreprises pour limiter la dégradation de notre compétitivité. L'objectif majeur étant de maintenir les conditions d'attractivité du pays pour la localisation et le développement des activités. Sans elles, la situation aurait été pire. Ces aides permettent effectivement d'améliorer d'un ou deux points le taux de marge des entreprises et de maintenir une politique d'attractivité. En résumé, ces compensations évitent ou limitent les effets directs des dégradations mécaniques de notre compétitivité qui sont à l'œuvre.

L. C. : Expliquer que sans les aides cela aurait été pire, c'est un raisonnement contrefactuel. Le résultat est plutôt que ces aides ne fonctionnent pas ou ont une efficacité très limitée pour un coût élevé.

Le crédit d'impôt recherche (CIR) vise justement à soutenir l'effort dans la recherche et coûte 6 à 7 milliards d'euros par an aux finances publiques. Ne fallait-il donc pas conditionner son versement ?

E. C. : C'est plutôt une mesure défensive pour éviter les délocalisations. Le gouvernement a dit aux entreprises : si vous restez en France, vous serez aidées. Le CIR est d'une certaine manière conditionné à une présence sur le territoire, mais pas à un développement des activités. Je pense qu'il aurait fallu être plus directif dans cette conditionnalité des aides publiques à la recherche et l'innovation. Et pour cela, il aurait fallu que les gouvernements qui se sont succédé soient convaincus de cette logique, ce qui n'était absolument pas le cas. La politique de recherche et d'innovation pourrait ainsi privilégier l'objectif de localisation sur le territoire de nouvelles unités industrielles, ce qui reviendrait à donner davantage de moyens aux PME ou entreprises intermédiaires innovantes, aux universités et centrales de recherche, etc.

Et donc d'en donner moins aux très grandes entreprises, comme Sanofi, qui est un des premiers bénéficiaires de ce crédit d'impôt ?

E. C. : Les gouvernements successifs ont utilisé une arme, la politique de la recherche, pour se préserver des délocalisations, je n'ai jamais été d'accord avec ce procédé mais, encore une fois, il relève de la logique de la prothèse. Je pense que la politique de recherche doit soutenir la recherche et l'innovation. Donc, oui, nous pouvons prendre le risque de dire à Sanofi : vous n'aurez plus les mêmes soutiens que vous aviez auparavant.

> « Le résultat est plutôt que les aides ne fonctionnent pas ou ont une efficacité très limitée pour un coût élevé »
>
> LAURENT CORDONNIER

L. C. : La compétitivité n'est qu'un objectif intermédiaire et partiel, l'ambition principale reste l'emploi, nous devons donc introduire des conditionnalités qui poursuivent cet objectif. Je concède que la conditionnalité à la création d'emplois est délicate, car comment savoir si tel poste aurait été créé ou pas sans l'aide ? Une des manières de contourner cette difficulté est la réduction du temps de travail. Le gouvernement pourrait aider les entreprises ou les salariés à réduire leur temps de travail en passant à 32 heures, par exemple, et en subventionnant cette démarche. Pour ce faire, l'Etat pourrait reprendre un certain nombre de ristournes fiscales dont l'on sait qu'elles n'ont mené à quasi rien en termes de création d'emplois. Avec un coût de plus de 100 000 euros par emploi créé ou sauvegardé grâce au Cice, nous avons des marges de manœuvre pour financer un contrat type 32 heures. L'Etat pourrait profiter en outre des bénéfices du chômage évité, permis par les créations de postes qu'induit la réduction du temps de travail.

E. C. : Je le répète : gardons à l'esprit que nous sommes dans un pays surtaxé, surendetté, surfiscalisé. Toute nouvelle mesure doit être strictement conditionnée à ne pas accroître cette pression. Ce que vous proposez là, ce sont des mesures nouvelles. La vraie question est de savoir comment l'on peut faire éventuellement des microréformes désirables pour améliorer les dispositifs d'aide (par exemple avec le CIR qui pourrait être réservé aux PME) tout en restant à l'intérieur d'un cadre financier soutenable. Il ne faut donc surtout pas ajouter des conditionnalités nouvelles aux anciennes.

L. C. : Pourquoi ?

E. C. : Parce qu'on n'arrête pas d'empiler des contraintes nouvelles sur les entreprises, particulièrement en France par rapport aux autres pays, parce qu'on assiste à une dégradation continue de l'industrie et de l'économie françaises. Instaurer une tranche supplémentaire de conditionnalité dégraderait encore plus la situation des entreprises. Cela revient à créer des nouvelles contraintes sur les entreprises sans que ces dernières soient indemnisées pour cela.

L. C. : Cela leur arrive depuis que le capitalisme est né ! Son histoire est aussi celle de sa domestication par des tas de contraintes. Avec près de 160 milliards d'euros d'aides aux entreprises et des dispositifs très inefficaces, nous avons moyen de redéployer certaines aides et d'en conditionner d'autres.

E. C. : Penser que ces milliards sont à la disposition du gouvernement et peuvent être affectés à un autre usage, c'est méconnaître l'économie d'ensemble des prélèvements et des aides.

Quelles conséquences aurait une suppression de ces aides ?

L. C. : Malheureusement, la conclusion à laquelle nous sommes arrivés dans la rédaction de notre rapport [1] est que toutes ces aides qui se sont empilées font dorénavant partie du régime « normal » de profitabilité des entreprises avec un effet d'accoutumance. Etant donné la masse et le volume de ces aides, les supprimer brutalement pourrait causer des dégâts. Ceci étant dit, il existe un certain nombre d'aides qu'on peut réduire sans mettre à bas le capitalisme français (les 22 milliards dont on a parlé par exemple) et un certain nombre d'autres (le CIR) qu'on peut conditionner plus strictement avec des objectifs en termes d'emploi, de décarbonation des entreprises, de protection de la biodiversité, etc.

Propos recueillis par Christian Chavagneux et Justin Delépine

[1] « Un capitalisme sous perfusion. Mesure, théories et effets macroéconomiques des aides publiques aux entreprises françaises », par Aïmane Abdelsalam et *alii*, Ires, 2022, cutt.ly/60Lw4HH

citéco
Cité de l'Économie
Énergie,
SO
Watt ?
EXPOSITION
18 FÉVRIER - 28 MAI 2023
1, place du Général Catroux - Paris 17
M 2 3 Malesherbes / Villiers / Monceau
@citedeleconomie | citeco.fr

Pourquoi les transports en commun urbains patinent

Depuis le Covid, les réseaux de transports en commun urbains font face à plusieurs difficultés. Des pistes existent pour y remédier, mais elles nécessitent des choix politiques peu consensuels.

Métro à Lyon. La fréquentation des transports en commun reste, dans la métropole lyonnaise, à un niveau inférieur à celui de 2019.
© LAURENT CERINO - RÉA

Par Vincent Grimault

Une délégation d'hommes en costume qui se laisse guider dans une ligne de tramway périphérique, voilà une scène relativement classique dans la métropole de Lyon. Avec quatre lignes de métro, sept de tramway et 136 de bus pour une métropole de taille modeste au niveau international, la capitale des Gaules est souvent décrite comme un modèle. Elle assure accueillir chaque année près de 200 délégations d'études. Au-delà de la vitrine lyonnaise, la France dispose d'une excellente réputation en matière de transports en commun. Problème, depuis l'épidémie de Covid-19, la vitrine affiche trois fissures importantes.

UNE FRÉQUENTATION EN BAISSE

Première difficulté : le recul de la fréquentation, d'abord à cause des interdictions administratives (confinements, couvre-feux), ensuite par crainte d'être contaminé, et désormais en raison du télétravail. Trois ans après la pandémie, *« nous n'avons pas encore retrouvé le niveau de fréquentation de fin 2019 »*, explique Jean-Charles Kohlhaas, vice-président (EELV) de la métropole de Lyon en charge des transports. *« Certaines lignes, notamment dans les quartiers populaires, ont retrouvé, voire dépassé, leur niveau d'avant la pandémie. Mais le télétravail joue dans les quartiers de services »,* précise-t-il.

En Ile-de-France, son impact est encore plus net. Une note de L'institut Paris région publiée en octobre montre que les actifs qui utilisent les transports en commun télétravaillent davantage que les automobilistes. Les résultats sont déjà sensibles : *« Avant la pandémie, à l'heure de pointe du matin, on observait un écart maximum de 7 % entre les fréquentations moyennes des jours de la semaine »*, écrit L'institut. Désormais, la fréquentation du vendredi est inférieure de 18 % à celle du mardi !

Pour les autorités organisatrices de transport, ces évolutions constituent un casse-tête. Outre le défi organisationnel, modifier l'offre est un exercice périlleux, comme le rappelle Jean-Baptiste Pegeon, administrateur (EELV) d'Ile-de-France mobilités : *« Fin 2021, Valérie Pécresse* [présidente de la région Ile-de-France et d'Ile-de-France mobilités, NDLR] *a décidé de baisser l'offre de transports en commun car la fréquentation n'était pas à son maximum. Aujourd'hui, la demande est là, et la présidente demande aux opérateurs de réaugmenter l'offre. Mais sans surprise, ils ne peuvent pas ! On ne recrute pas facilement quand on a laissé partir des gens »*, s'agace l'élu d'opposition.

> **« Il est aujourd'hui difficile d'attirer des candidats en raison de salaires jugés trop bas ou d'horaires souvent éclatés**

RECRUTEMENTS À LA PEINE

Les difficultés de recrutement constituent la deuxième rayure sur la vitrine des transports en commun français. Comme dans d'autres métiers, il est désormais difficile d'attirer des candidats en raison de salaires jugés trop bas ou d'horaires souvent éclatés. En Ile-de-France, le problème se double d'une désaffection liée à l'ouverture des bus à la concurrence. Sur le papier, les salariés gardent un « sac à dos social » et ne perdent pas de droits, y compris si un concurrent remporte le marché et les embauche (il y est obligé). Mais les syndicats de la RATP s'inquiètent d'une course globale au moins-disant social qui finira par pénaliser tous les salariés du secteur.

La troisième difficulté réside dans une équation budgétaire devenue très difficile. Côté recettes, le recul de la fréquentation se fait sentir. Côté dépenses, l'inflation énergétique a fait mal (+ 5,9 millions d'euros à Nantes en 2022 par exemple). Un effet de ciseau redoutable qui pousse certaines autorités à réduire l'offre, à l'image de la métropole de Nantes, qui a décidé d'abaisser la fréquence des lignes principales. Ces difficultés financières créent de surcroît des incertitudes sur la capacité des autorités à mener les indispensables travaux d'entretien, de rénovation et d'investissement dans les infrastructures. Les retards pris ces trois dernières années en la matière expliquent en partie la dégradation du service. Pour aider les acteurs locaux, le gouvernement a mis en place des avances remboursables en 2020, puis des aides directes fin 2022 (200 millions d'euros pour l'Ile-de-France et 100 millions d'euros pour l'ensemble des autres réseaux français).

> **« Les autorités de transport sont désormais confrontées à des rendements décroissants »**
> **YVES CROZET**, économiste des transports

Les transports en commun risquent-ils de s'enfoncer dans la crise ? Pas si vite, assurent la plupart des experts. *« On s'était habitués à d'excellentes performances, avec 99 % des métros qui fonctionnent normalement à Lyon par exemple,* se défend Jean-Charles Kohlhaas. *Quand ce taux tombe à 95 %, c'est très pénible pour l'usager, et il faut rapidement améliorer la situation, mais il ne faut pas perdre de vue ce qui fonctionne bien. »* Un discours partagé par Michel Savy, professeur émérite à l'Ecole des ponts et à l'Ecole d'urbanisme de Paris : *« Lorsqu'on voyage à l'étranger, on se rend compte de la puissance du système parisien. Par rapport à Londres et Moscou par exemple, il n'y a pas de quoi rougir, tant en termes de quantité et de*

LA VOITURE DÉJÀ REMISE DU COVID, PAS LES TRANSPORTS EN COMMUN

Evolution du niveau de trafic routier et de celui des modes lourds* des transports en commun en Ile-de-France, base 100 = novembre 2019

Source : Institut Paris région

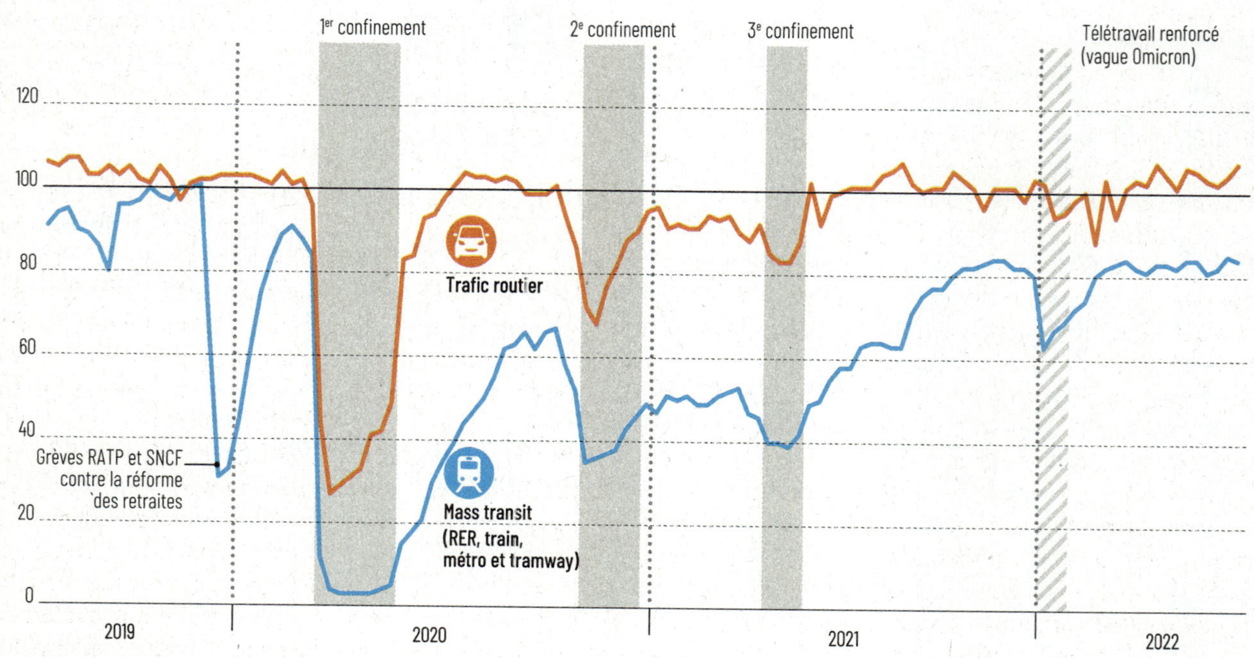

* RER, train, métro et tramway.

qualité d'offre que de tarif pour l'usager. » Et de fait, les grandes entreprises tricolores de transport (Transdev, Keolis, RATP…) s'exportent très bien : elles exploitent de nombreux réseaux partout sur la planète.

OÙ TROUVER L'ARGENT ?

Que faire cependant pour redonner à la vitrine son plus bel éclat ? Deux grandes problématiques opposent les acteurs, l'une sur la concurrence (voir encadré), l'autre sur le financement.

Comme ailleurs, l'argent manque. Actuellement, les recettes des transports en commun reposent sur trois pieds : les usagers, les entreprises et les collectivités locales. Les usagers, via leurs abonnements et leurs tickets, couvrent en moyenne 30 % des recettes d'exploitation, selon les chiffres (2017) du Groupement des autorités responsables de transport (Gart). Mais si on y ajoute l'investissement, la part prise en charge par l'usager tombe à 17 %, contre 47 % pour les entreprises (via une contribution appelée « versement mobilité »), 35 % pour les collectivités locales et 1 % pour l'Etat.

Qui peut faire plus ? Dans un contexte d'inflation, difficile de demander aux usagers de payer davantage, même si de nombreux réseaux ont augmenté leurs tarifs au 1er janvier, dont l'Ile-de-France. Les entreprises sont déjà largement mises à contribution et n'entendent pas aller plus loin. Quant aux collectivités locales, elles ont énormément investi ces dernières années pour étendre les réseaux. Leurs dépenses étant encadrées par l'Etat, il est compliqué de faire beaucoup plus. Par ailleurs, *« les investissements les plus rentables sur les axes à fort trafic ont déjà été faits depuis longtemps. Les autorités de transport sont désormais confrontées à des rendements décroissants : étendre le réseau dans des zones moins denses coûte très cher et rapporte peu de recettes commerciales »*, explique Yves Crozet, économiste des transports.

Les regards se tournent donc vers l'Etat. Son concours aux transports urbains est jusque-là très faible, et la lutte contre le tout-voiture dans le périurbain pourra difficilement se faire sans lui. Autre piste, trouver de nouvelles recettes, comme cela a été fait pour financer le Grand Paris Express, ce mégaprojet d'extension du métro parisien qui est en train de sortir de terre. Parmi elles, une surtaxe sur les bureaux ou encore une taxe sur les plus-values immobilières réalisées sur des biens proches des gares, la justification étant que la valeur de ces patrimoines progresse grâce au système de transport.

Autre chantier, plus périlleux encore, taxer davantage la pollution et les autres externalités négatives de la route (usure des voies, accidents…). Une étude du ministère de l'Economie d'avril 2021 estimait que les prélèvements sur les automobilistes ne couvrent en moyenne qu'un tiers des externalités de la circulation routière. Mais dans un contexte où le mouvement des gilets jaunes menace de se relancer, il est très improbable que le gouvernement se risque à aller piocher dans leurs porte-monnaie. ■

UN PROBLÈME DE MOYENS PLUS QUE DE CONCURRENCE

Un réseau de transports urbain est géré par une autorité organisatrice de la mobilité (AOM). Le plus souvent, il s'agit de la métropole ou de la communauté d'agglomération du territoire concerné. L'AOM a ensuite plusieurs choix : gérer directement les transports en régie publique (comme à Marseille) ou confier le réseau à un exploitant en délégation de service public. Dans ce cas-là, l'AOM lance un appel d'offres, et l'exploitant qui emporte le marché doit exécuter la commande pendant une période donnée. Dans les deux cas, la puissance publique reste décisionnaire : elle détermine l'offre, et généralement les tarifs. La question de la concurrence divise le spectre politique. La gauche y est généralement défavorable, comme le montre la lettre ouverte rédigée par 250 élus franciliens début janvier dénonçant la *« privatisation »* des bus franciliens [1]. La droite y est favorable : elle estime que l'usager est gagnant car l'opérateur historique est forcé de s'améliorer. Au-delà des postures politiciennes, l'affaire est complexe. Certaines régies publiques fonctionnent bien (la RATP avant la crise, par exemple), d'autres beaucoup moins, comme à Marseille. Inversement, les délégations de service public à des entreprises n'empêchent pas d'obtenir une excellente qualité de service, comme à Lyon. *« L'économiste que je suis est favorable à un certain degré de concurrence, notamment sous forme d'allotissement, car cela permet de comparer les performances des opérateurs »*, explique Yves Crozet, économiste des transports. *« Mais la qualité d'un réseau dépend surtout de la compétence et des moyens du donneur d'ordre »*, nuance-t-il. Bruno Gazeau, président de la Fédération nationale des associations d'usagers de transport (Fnaut), est du même avis : *« Si les difficultés étaient liées à la concurrence, le métro parisien fonctionnerait aujourd'hui parfaitement puisqu'il en est exclu. Or, ce n'est pas le cas. Ce qui compte, c'est la qualité du service, et elle dépend de l'investissement financier des autorités. »*

[1] Techniquement, il ne s'agit pas d'une privatisation mais d'une ouverture à la concurrence sous forme d'« allotissement » : le réseau est divisé en différents lots qui sont chacun soumis à un appel d'offres.

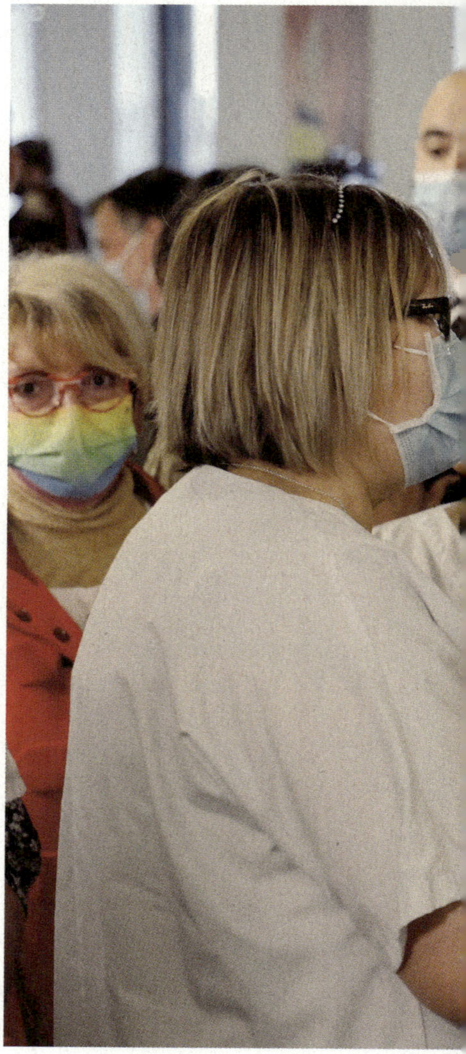

Plan santé : effets de manche et grands absents

Emmanuel Macron a annoncé un nouveau plan santé. Mais il s'agit surtout de mesures déjà dans les tuyaux. Et le président de la République a laissé de côté des questions essentielles.

Par Céline Mouzon

Quelques jours avant la présentation de la réforme des retraites, le président de la République Emmanuel Macron a annoncé un plan santé. Un de plus, est-on tenté de dire, tant les « pactes de refondation » (en 2019) et grands raouts type « Ségur de la santé » (en 2020) se succèdent sans qu'un changement de paradigme ne se fasse jour. Depuis la mobilisation des urgentistes en 2019, la situation n'a fait qu'empirer : 6 millions de Français sont sans médecin traitant. A l'hôpital public, près de 20 % des lits sont fermés faute de personnel. Ce constat, le chef de l'Etat l'a lui aussi dressé dans son discours, faisant même son *mea culpa* : *« Le traitement, manifestement, indépendamment du Covid, n'était sans doute pas suffisant. »* Ces annonces interviennent dans un contexte de tension à l'hôpital, sous l'effet des épidémies hivernales, et de mobilisation de médecins libéraux qui demandent le doublement du prix de la consultation, de 25 à 50 euros. Qu'en retenir ?

PEU DE PROPOSITIONS NOUVELLES

Si la tonalité était volontariste, nombre des propositions n'ont rien de nouveau. Le recours à des assistants médicaux ou le renforcement de la coopération entre la ville et l'hôpital dans des communautés professionnelles territoriales de santé sont déjà dans les tuyaux. De même que le déploiement des infirmières de pratique avancée, dont l'enjeu est d'en assurer la viabilité économique. Des expérimentations sont en cours et une proposition de loi de la députée de la majorité, Stéphanie Rist, va dans ce sens.

Aux « Médecins pour demain », qui défendent en réalité le modèle d'hier, le chef de l'Etat n'a heureusement pas donné de gages. Mais il a fustigé les patients *« qui n'honorent pas les rendez-vous »*, évoquant une responsabilisation dont on voit mal quelle serait la traduction concrète : difficile d'imaginer l'introduction d'une amende pour ces patients dans le contexte actuel. Surtout, Emmanuel Macron a parlé d'un *« nouveau pacte avec la médecine libérale »*, qui impliquerait de *« mieux récompenser »* celles et ceux prêts à coopérer. *« Plutôt que d'introduire de nouvelles primes, l'enjeu aujourd'hui est surtout de diminuer la part du paiement à l'acte »*, rappelle l'économiste Brigitte Dormont, en regroupant les médecins au sein d'organisations dotées d'un budget pour prendre en charge les besoins de prévention et de soins d'une population dont ils auraient la charge sur un territoire donné.

> Si la rigueur budgétaire est maintenue, la cogestion ne changera pas grand-chose

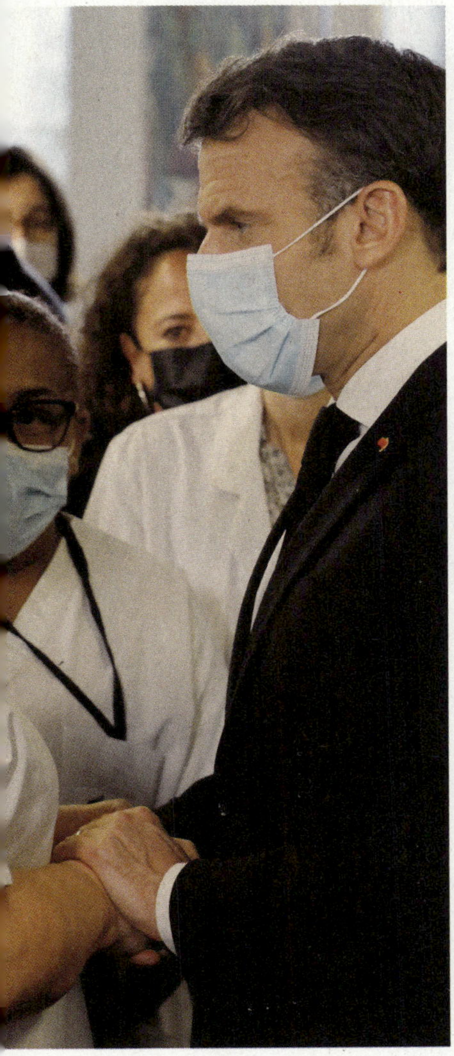

Emmanuel Macron au centre hospitalier Sud francilien (91), le 6 janvier 2023. Le président a promis la sortie partielle de la tarification à l'activité à l'hôpital, une annonce déjà faite en 2018.
© LUDOVIC MARIN - POOL/AFP

A l'hôpital, le chef de l'Etat a promis la sortie partielle de la tarification à l'activité, une annonce déjà faite en 2018. Il a aussi remis en cause les 35 heures, mais le ministre de la Santé François Braun a démenti leur suppression. En réalité, les 35 heures sont aménagées depuis longtemps à l'hôpital. Et si elles ont désorganisé les services, c'est par manque d'embauches. Enfin, le retour d'une organisation en services plutôt qu'en grands pôles va dans le bon sens. La mise en place d'un tandem administratif-médical (plutôt qu'un seul directeur administratif) aussi, mais encore faut-il qu'il y ait quelque chose à cogérer. Si la rigueur budgétaire est maintenue, la cogestion ne changera pas grand-chose.

QUATRE POINTS PASSÉS SOUS SILENCE

Au-delà, quatre éléments brillent par leur absence. Emmanuel Macron n'a mentionné le budget de la santé que pour se féliciter de son augmentation de 50 milliards d'euros ces trois dernières années. Si c'est exact, c'est surtout en raison du Covid, et cela ne compense pas les trop faibles augmentations votées depuis 2010. En termes réels, le dernier budget hors Covid est plutôt en baisse puisque l'augmentation de 3,5 % qui est prévue ne couvre même pas l'inflation, attendue à 5,5 % en 2023. Ensuite, rien n'a été dit sur les dépassements d'honoraires. Or, ceux-ci restent élevés chez les spécialistes : ils représentent 17 % des honoraires en 2021 (+ 0,9 % par an en moyenne entre 2011 et 2021), freinant l'accès aux soins. Absents aussi les centres de santé et les maisons de santé pluriprofessionnelles, exemples pourtant probants de prise en charge pluridisciplinaire et coordonnée.

Enfin, le président n'a soufflé mot des ratios de patients par infirmière à l'hôpital, alors qu'il s'agit d'une mesure essentielle pour garantir de bonnes conditions de travail tout en améliorant la qualité des soins. Selon une étude publiée dans *The Lancet* [1], les ratios (à 4 patients par infirmier le jour et 7 la nuit dans l'exemple australien retenu) font notamment chuter de 7 % les réadmissions dans la semaine, de 3 % la durée de séjour, et aboutissent à des économies à long terme. On objecte souvent que si les ratios ne sont pas atteints, des fermetures de lits supplémentaires pourraient avoir lieu, au prétexte de la sécurité des patients. Pour éviter cela, la mesure doit être mise en place progressivement, de façon à faire les recrutements nécessaires. En France, l'estimation des besoins est de 100 000 infirmières ou infirmiers pour un coût de 5 milliards d'euros, sur un budget de la santé de 250 milliards d'euros. Une proposition de loi en ce sens sera examinée au Sénat début février. Chiche ?

[1] « Effects of Nurse-to-Patient Ratio Legislation on Nurse Staffing and Patient Mortality, Readmissions, and Length of Stay : a Prospective Study in a Panel of Hospitals », par Matthew McHugh et *al.*, *The Lancet* n° 397, mai 2021.

PAR QUOI REMPLACER LA TARIFICATION À L'ACTIVITÉ ?

Sortir de la tarification à l'activité, qui nourrit la course aux actes et la concurrence entre établissements, mais pour la remplacer par quoi ? Emmanuel Macron a évoqué une *« rémunération sur objectifs de santé publique »*, soit un paiement à la performance. Or, un tel système a des effets pervers [1]. *« Il y a trois modes de financement de l'hôpital »*, a rappelé André Grimaldi, professeur émérite de diabétologie et cofondateur du Collectif Inter-Hôpitaux [2]. A la journée (comme à l'hôtel), solution retenue entre 1945 et 1983 ; par une dotation globale (comme pour l'Education nationale), système qui a prévalu entre 1983 et 2004 ; et à l'activité. Chaque système a ses avantages et ses inconvénients. L'enjeu est de déterminer le meilleur mode de financement pour un soin donné. Pour les soins palliatifs, par exemple, il faut un prix de journée, défend le praticien. Pour les opérations standardisées, comme une opération de la cataracte, la tarification à l'activité est pertinente. Pour les maladies chroniques, plus complexes, il faut une dotation. Le plan santé n'a pas clarifié les choses de ce point de vue.

[1] Voir, par Pierre-Louis Bras, « La rémunération des médecins à la performance : efficacité clinique ou efficacité symbolique ? », *Les tribunes de la santé* n° 64, 2020, et « Sortir de la T2A par le haut : la mesure de la qualité des soins », *Journal de gestion et d'économie médicales* n° 35, 2017.

[2] « Les matins de France Culture », 9 janvier 2023.

Nantes, juin 2022. Le devenir des travailleurs d'un secteur d'activité qui sortirait de la liste des métiers en tension fait partie des nombreuses questions non encore tranchées.
© THOMAS LOUAPRE - DIVERGENCE

Le titre de séjour « métiers en tension », une avancée ?

Le titre de séjour « métiers en tension » prévu dans la prochaine loi immigration va dans le bon sens. A condition que les restrictions ne soient pas trop fortes.

Par Simon Mauvieux et Céline Mouzon

« On *veut ceux qui bossent, pas ceux qui rapinent.* » Avec cette phrase, le ministre de l'Intérieur Gérald Darmanin a annoncé la couleur du titre de séjour « métiers en tension », l'une des mesures très commentées du projet de loi immigration, qui doit être présenté dans les prochains mois. Nouveau venu dans la législation, ce titre doit répondre aux pénuries de main-d'œuvre dans des secteurs où l'offre d'emploi excède la demande, comme l'hôtellerie-restauration, le nettoyage ou l'aide à domicile, tout en permettant de lutter contre le travail illégal. Le ministre du Travail Olivier Dussopt a toutefois précisé qu'il ne concernerait que *« quelques milliers, voire dizaines de milliers, de personnes »*. Loin d'une régularisation de toutes les personnes sans papiers, dont le nombre est estimé à 400 000. Que change ce nouveau titre de séjour ?

La possibilité de régulariser des travailleurs sans papiers existe déjà en droit français depuis la loi Hortefeux, qui introduit en 2007 une carte « salarié » (au départ pour faire venir de la main-d'œuvre étrangère), et surtout depuis la circulaire Valls de 2012, qui fixe les grandes orientations de la régularisation par le travail des personnes sans papiers. Problème : l'obtention d'une carte « salarié » implique une demande d'autorisation de travail par l'employeur. Le travailleur est donc dépendant du bon vouloir de son patron. De plus, l'obtention de ce titre se fait au cas par cas, à l'appréciation des préfectures. Il s'agit d'une admission exceptionnelle au séjour. Le refus n'est donc pas opposable devant un tribunal.

Résultat : sur 247 000 premiers titres de séjour délivrés chaque année, *« environ 7 000 ont lieu sur ce fondement, dont 4 000 à Paris »*, relève Marilyne Poulain, ancienne responsable syndicale CGT qui suit de près le sujet. Soit moins de 3 %. La demande d'autorisation de travail doit être renouvelée à chaque nouveau contrat ou employeur, sous peine de compromettre le renouvellement de la carte salarié au bout d'un an. Bref, le système actuel est asservissant pour les travailleurs et source de nombreux dysfonctionnements.

Que prévoit le nouveau titre « métiers en tension » ? Comme auparavant, il sera d'une durée d'un an, soumis à une condition de résidence de trois ans et à la délivrance de bulletins de salaire (huit sur vingt-quatre mois). Mais *exit* la demande d'autorisation de travail par l'employeur. Le nouveau titre aura l'avantage de permettre l'accès à tous les métiers en tension, sans solliciter une nouvelle autorisation de travail à chaque fois. *« On fait entrer la régularisation par le travail dans le plein droit »*, à l'instar de la régularisation pour motifs familiaux ou sanitaires, souligne Marilyne Poulain. Une avancée certaine. A noter que ce nouveau titre doit s'ajouter à la circulaire Valls, qui couvrira les cas hors métiers en tension.

BEAUCOUP D'INCERTITUDES

Tout n'est pas rose pour autant. Soumettre la régularisation à l'existence de métiers en tension s'inscrit toujours dans une vision utilitariste de l'immigration. Ce n'est pas nouveau, mais ça ne change pas. Le projet de loi ne prévoit pas non plus de revenir sur certaines incohérences législatives, comme le fait, depuis la loi Cazeneuve de 2016, de ne pouvoir obtenir une carte pluriannuelle que si l'on justifie d'un CDI depuis un an au moins. Une aberration dans certains secteurs où l'intérim est la règle, comme le BTP, la propreté ou le ramassage des déchets.

Autre ombre au tableau, le projet de loi prévoit de soustraire à l'ancienneté de séjour les périodes comme étudiant, saisonnier agricole et demandeur d'asile. C'est une restriction forte. En outre, beaucoup d'inconnues subsistent. Que se passera-t-il si un métier, auparavant sur la liste des métiers en tension, en sort ? Le travailleur perdra-t-il alors son titre de séjour ? Cela n'aurait pas de sens, mais la question n'est pas tranchée. Autre enjeu fondamental : le périmètre même de la liste, aujourd'hui en cours de révision. *« Dans certaines régions, la liste des métiers en tension ne prend pas en compte la restauration, la logistique, le nettoyage ou le BTP, justement parce que les postes de travail dans ces secteurs sont occupés par des travailleurs sans papiers »*, indique Jean-Albert Guidou, de l'union locale de la CGT à Bobigny. Quels seront les secteurs retenus ? *« Cela dépendra des branches. Le résultat peut être assez arbitraire »*, craint Morade Zouine, avocat spécialiste en droit de l'immigration.

> **“ Grosse ombre au tableau : le projet de loi prévoit de soustraire à l'ancienneté de séjour les périodes comme étudiant, saisonnier agricole et demandeur d'asile**

Enfin, plusieurs points de vigilance doivent être gardés à l'esprit. Ce nouveau titre de séjour ouvrira-t-il les mêmes droits que la carte « salarié » ? Autrement dit, ses détenteurs pourront-ils s'inscrire à Pôle emploi, comme c'est le cas actuellement ? Donnera-t-il bien droit au regroupement familial au bout de dix-huit mois de présence régulière ? Les temps partiels seront-ils toujours reconnus ?

Sur tous ces sujets, le gouvernement pourrait être tenté de faire des concessions à droite, ce qui ferait du nouveau titre une régression ou en réduirait la portée. Dans ce cas, son intérêt serait des plus limités. ■

+ LE PATRONAT DIVISÉ

Selon les secteurs, les attitudes patronales changent du tout au tout. Les PME et le secteur de l'hôtellerie-café-restauration sont favorables à une régularisation des travailleurs sans papiers qu'ils emploient. A l'inverse, les secteurs de la propreté et de la logistique ne se sont pas exprimés pour le moment. Les annonces du gouvernement ont placé le patronat en porte-à-faux. *« On ne veut pas se retrouver à faire la politique migratoire de la nation »*, souligne ainsi Eric Chevée, vice-président aux affaires sociales de la Confédération des petites et moyennes entreprises (CPME). Le patron du Medef, Geoffroy Roux de Bézieux, déclarait quant à lui en novembre dernier sur RTL : *« On ne peut pas décider d'une politique migratoire simplement en fonction des besoins économiques. Parce que c'est un sujet d'intégration, de valeurs. C'est un sujet plus large. »*

Les ménages riches très touchés mais aussi très aidés

Effet moyen par ménage, de janvier 2021 à juin 2022, de la hausse des prix énergétiques et des différents dispositifs d'aide sur le revenu disponible élargi au chèque énergie, selon le décile* de niveau de vie, en euros

Source : Insee

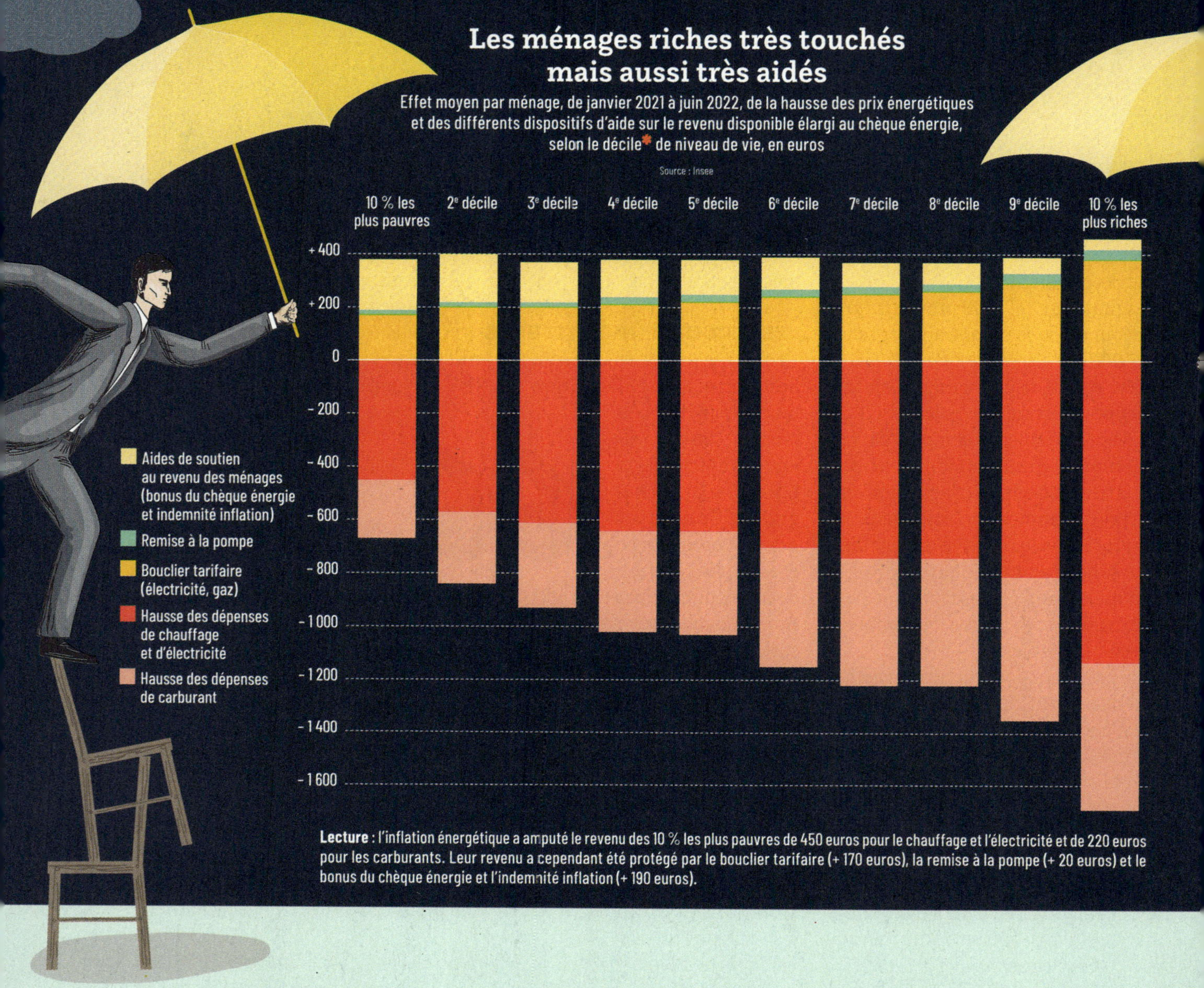

Lecture : l'inflation énergétique a amputé le revenu des 10 % les plus pauvres de 450 euros pour le chauffage et l'électricité et de 220 euros pour les carburants. Leur revenu a cependant été protégé par le bouclier tarifaire (+ 170 euros), la remise à la pompe (+ 20 euros) et le bonus du chèque énergie et l'indemnité inflation (+ 190 euros).

Inflation énergétique : des aides mal ciblées

« Contre la hausse des prix, l'Etat agit. (...) Tous les Français sont protégés. » Fin août dernier, en assurant le service après-vente de la loi d'urgence sur le pouvoir d'achat, Elisabeth Borne se félicitait du choix du gouvernement d'aider tous les Français face à l'inflation énergétique. Une étude de l'Insee, centrée sur la hausse des prix de l'énergie entre janvier 2021 et juin 2022, ne contredira pas la Première ministre. Entre le bouclier tarifaire (blocage des prix du gaz et de l'électricité pour le consommateur) et la remise à la pompe sur les carburants, le choc inflationniste – 24,8 milliards d'euros à débourser en plus pour la même quantité d'énergie – a été amorti pour tous les ménages. En

Le chèque énergie, dispositif le mieux ciblé socialement

Effet moyen par ménage, de janvier 2021 à juin 2022, des aides ciblées socialement sur le revenu disponible élargi au chèque énergie, selon le décile* de niveau de vie, en euros

Source : Insee

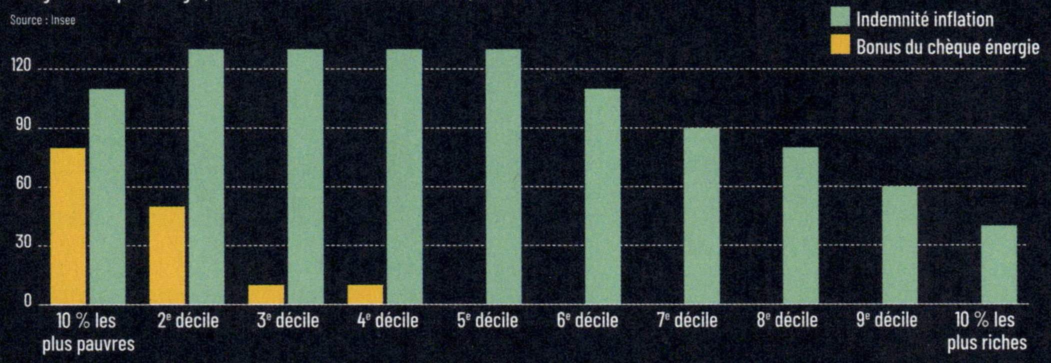

N. B. : le bonus du chèque énergie, accordé en fonction des revenus du ménage dans son ensemble, est parfaitement ciblé socialement et aide les plus pauvres. A l'inverse, l'indemnité inflation a été versée sous condition de ressources individuelles : elle a donc pu concerner des ménages aisés lorsqu'il existait de forts écarts entre les revenus de ses membres.

Les ruraux en première ligne face à la hausse des prix de l'énergie

Effet moyen par ménage, de janvier 2021 à juin 2022, de la hausse des prix énergétiques et des aides ciblées socialement sur le revenu disponible élargi au chèque énergie, selon la taille de l'unité urbaine, en euros

Source : Insee

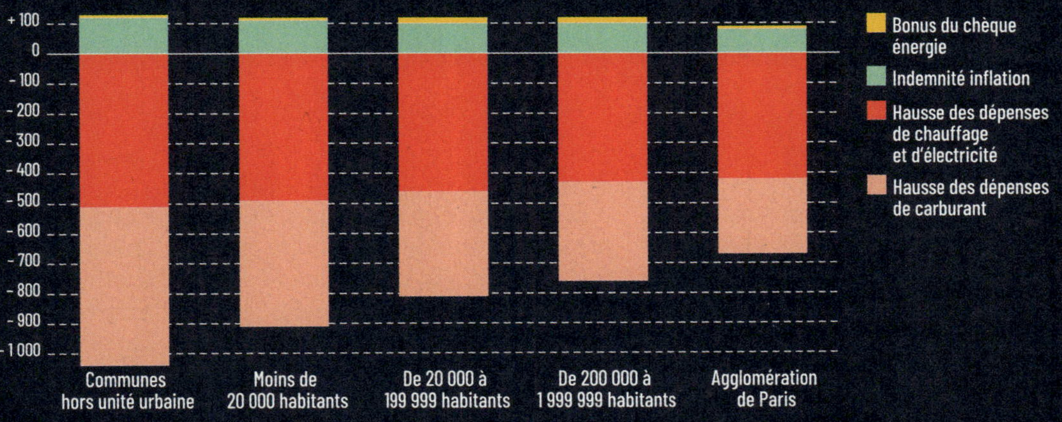

* **Décile :** lorsqu'on classe les ménages par ordre croissant de niveau de vie, on appelle premier décile les 10 % de ménages du bas de l'échelle, second décile les 10 % suivants, et ainsi de suite jusqu'au dixième décile, qui regroupe les 10 % les plus riches.

moyenne, ces deux mesures ont respectivement protégé leur revenu à hauteur de 240 et 30 euros.

Ce choix d'arroser large a cependant fait l'objet de critiques, notamment de la part de certaines associations de lutte contre la pauvreté. Elles rappelaient alors que les classes supérieures sont les plus grosses consommatrices d'énergie, rendant ces mesures antiredistributives. Elles aussi pourront s'appuyer sur l'étude de l'Insee. Celle-ci confirme que les ménages les plus aisés sont les plus gros consommateurs d'énergies fossiles et sont donc mécaniquement les principaux gagnants de ces dispositifs. « *Les gains liés au bouclier tarifaire et à la remise à la pompe* [ont atteint] *420 euros pour les 10 % les plus aisés, contre 180 euros pour les 10 % les plus modestes* », écrit ainsi l'institut.

L'étude est d'autant plus frustrante pour les associations qu'elle confirme aussi que les dispositifs ciblés sur les plus modestes (bonus du chèque énergie et indemnité inflation) ont plutôt bien touché leur cible. Il était donc techniquement possible de mieux calibrer les aides et de contenir la facture du bouclier tarifaire et de la remise à la pompe, deux mesures qui ont eu le triple défaut d'être très coûteuses pour les finances publiques, d'être antiredistributives et de financer les émissions de gaz à effet de serre.

Vincent Grimault

Malgré la fin du zéro Covid, la croissance chinoise s'enlise

L'économie chinoise devrait enregistrer un rebond modéré en 2023. Confrontée à des défis durables, elle n'est cependant pas tirée d'affaire.

Par Aude Martin

Le Parti communiste chinois s'était fixé un objectif de croissance ambitieux de 5,5 % en 2022. La réalité est tout autre. Depuis quelques mois, le Fonds monétaire international (FMI) et la Banque mondiale ont abaissé tour à tour leurs prévisions pour l'empire du Milieu. Le FMI tablait sur une croissance de 3,2 %, soit un niveau équivalent à la croissance mondiale, que la Chine nous avait habitués à dépasser assez nettement. La Banque mondiale est descendue jusqu'à 2,7 %. Les statistiques publiées mi-janvier par la Chine donnent une croissance à 3 % pour l'ensemble de l'année 2022. Du jamais vu depuis plus de quarante ans, si l'on met de côté l'année 2020, très particulière en raison de la survenue de la pandémie de Covid-19.

La politique zéro Covid, sur laquelle le gouvernement chinois a très longtemps misé pour limiter le nombre de contaminations, est en partie responsable de ce faible dynamisme. *« Son abandon début décembre est probablement le résultat de l'accumulation de plusieurs facteurs. Les manifestations de la fin novembre ont montré, partout dans le pays, le ras-le-bol de la population. La montée des contaminations a aussi montré qu'il devenait, de toute façon, impossible de contenir la pandémie. Enfin, le coût économique d'une telle politique n'était plus soutenable »*, explique Mary-Françoise Renard, économiste au Centre d'études et de recherches sur le développement international (Cerdi) [1] et professeure à l'université Clermont-Auvergne. En novembre, la mise en quarantaine des salariés du site de Foxconn, dans la province du Henan, où sont assemblés des iPhone, avait montré les limites de la politique sanitaire chinoise, tenable uniquement à condition d'enfermer des salariés dans leurs usines. La volonté affichée d'Apple de développer ses activités en Inde ou au Vietnam a également accentué la pression sur les autorités chinoises.

> « Le gouvernement chinois ne pourra enrayer l'insuffisance de la demande qu'en redistribuant davantage les richesses »
>
> **MARY-FRANÇOISE RENARD,** économiste au Cerdi

FLAMBÉE À COURT TERME DES CONTAMINATIONS

L'assouplissement extrêmement rapide des restrictions va permettre de relancer la machine économique chinoise en 2023. Même si l'effet est désastreux à court terme en raison de la montée du nombre de contaminations, qui n'est désormais même plus communiqué par les autorités. En cause notamment, le faible taux de vaccination des personnes âgées : seuls 40 % des plus de 80 ans ont reçu trois doses de vaccin en Chine. *« Le relâchement a un coût élevé à court terme avec la flambée du nombre de contaminations, mais le gouvernement espère à long terme un effet rebond qui*

[1] Egalement autrice de *L'économie de la Chine*, La Découverte, 2018, et de *La Chine dans l'économie mondiale. Entre dépendance et domination*, Presses universitaires Blaise Pascal, 2021.

Ouvrier à Canton. A cause du vieillissement de la population, les pénuries de main-d'œuvre pourraient se multiplier en Chine.
© RICHARD JONES - SINOPIX/RÉA

RALENTISSEMENT CHINOIS : QUELLES CONSÉQUENCES POUR L'EUROPE ?

« Quand les Etats-Unis vont mal, ce sont les exportations européennes qui trinquent. Au contraire, lorsque cela va mal du côté de Pékin, c'est plus par nos importations que nous en pâtissons », schématise François Chimits, du Cepii. Si la situation sanitaire ne s'améliore pas rapidement, des allongements de délais de livraison et des pénuries de produits importés depuis la Chine risquent de se faire sentir. Même si, relativise l'économiste, *« la demande mondiale étant en train de ralentir, le système logistique mondial est moins sous pression que lors du confinement de Shanghai au printemps 2022, par exemple, et a donc des marges d'adaptation »*. Le ralentissement chinois risque toutefois d'être vecteur d'inflation, prévoit Alicia Garcia Herrero, cheffe économiste de la zone Asie-Pacifique chez Natixis. Tout comme, estime-t-elle, un scénario de reprise chinoise plus optimiste qui viendrait augmenter fortement la demande énergétique de Pékin, donc les prix mondiaux de l'énergie. *« La baisse d'environ 20 % des achats de gaz naturel liquéfié par la Chine l'an dernier a rendu service aux Européens en leur permettant de remplir leurs stocks »*, a rappelé le chef économiste de la Coface, Jean-Christophe Caffet, début janvier, dans un entretien accordé aux *Echos*.

Port de Gennevilliers (92). Les délais de livraison des produits provenant de Chine pourraient s'allonger à cause de la crise sanitaire chinoise.
© VINCENT ISORE - IP3

surcompensera ces difficultés initiales », explique François Chimits, économiste au Cepii et au Merics, centres de recherche respectivement sur l'économie mondiale et sur la Chine. Le doute est toutefois permis quant à ces projections, car la Chine fait face à des difficultés autres que sanitaires qui menacent son modèle de croissance depuis plusieurs années. Et qui n'ont pas disparu avec la pandémie, bien au contraire. *« Il faut s'attendre à ce que le produit intérieur brut (PIB) chinois connaisse un rebond rapide et significatif en 2023, de l'ordre de 5,5 % (...). Cette poussée de croissance reste cependant assez limitée par rapport à la sortie de la vague pandémique de 2021 (8,1 %) et devrait ralentir structurellement par la suite »*, projette Alicia Garcia Herrero, cheffe économiste de la zone Asie-Pacifique chez Natixis.

DÉFI DÉMOGRAPHIQUE

La Chine fait d'abord face à un défi démographique d'ampleur. *« En 2021, le taux de natalité chinois a connu un nouveau record à la baisse avec 7,52 naissances pour 1 000 habitants. Il s'agit du taux le plus bas relevé depuis les premières statistiques démographiques en 1949 »*, détaille Isabelle Attané, démographe et sinologue [2]. En 2050, plus d'un habitant sur trois aura plus de 60 ans. *« La Chine est face à la transition démographique la plus rapide de l'histoire de l'humanité. Elle sera deux fois plus rapide que celle du Japon, qui figurait déjà parmi les records »*, insiste François Chimits. Les pénuries de main-d'œuvre pourraient donc se multiplier.

Par ailleurs, *« étant donné les faibles perspectives de croissance mondiale, la demande étrangère adressée à la Chine risque de se détériorer en 2023 »*, prédit Alicia Garcia Herrero. Cela tombe bien : la Chine cherche depuis plusieurs années à réorienter son modèle économique pour moins dépendre de l'extérieur, donc de ses exportations, et davantage de sa consommation intérieure. Mais elle est encore loin d'avoir achevé cette transition. La stratégie économique appliquée depuis le début de la pandémie illustre d'ailleurs le décalage entre les objectifs officiels et les mesures concrètes prises par le gouvernement chinois, puisque *« l'essentiel du soutien s'est tourné vers les entreprises. Et encore, seulement certaines. Il n'y a pas eu de politique du quoi qu'il en coûte pour soutenir le revenu des ménages*, rappelle Lun Zhang, économiste et sociologue spécialiste de la Chine à CY Cergy Paris université et à la Fondation Maison des sciences de l'homme. *Quelques réductions ou reports de loyers ont été accordés, mais c'est à peu près tout »*.

Le rebond à attendre suite à la réouverture de l'économie est donc moindre que celui observé en Europe, où les revenus des ménages ont été globalement préservés pendant la période la plus dure de la pandémie. A moyen terme, le remplacement par la Chine d'un moteur de croissance externe par celui de la consommation interne est suspendu au développement de son système de protection sociale, pour l'instant rudimentaire. Résultat, même hors période de crise, les ménages épargnent une part importante de leurs revenus pour pouvoir faire face à une éventuelle perte d'emploi future, une maladie, etc. *« Le gouvernement chinois ne pourra enrayer l'insuffisance de la demande qu'en redistribuant davantage les richesses*, insiste Mary-Françoise Renard. *Depuis la période des réformes en Chine, à la fin des années 1970, très peu de mesures visant à encourager la redistribution ont été prises. Les gouvernements chinois successifs ont misé exclusivement sur la croissance pour améliorer les conditions de vie des plus pauvres. »*

BESOIN D'UN NOUVEAU CONTRAT SOCIAL

Pour changer la donne, *« la Chine a besoin de définir un nouveau contrat social avec ces différentes catégories de population*, résume François Chimits. *Si tant est que le gouvernement veuille instaurer des filets de protection sociale, il aura besoin de sources de financement. Or, dans le contrat social qu'il a passé avec les plus riches, le Parti communiste chinois a implicitement garanti une absence de fiscalité sur le capital, sur l'héritage et une fiscalité également faible sur les entreprises et les personnes. A quelles conditions sera-t-il possible de modifier ce système de prélèvements ? »*.

« Quand on parle d'économie en Chine, il faut aussi parler de politique », rappelle Lun Zhang. Ce constat, valable pour tous les pays, l'est particulièrement ici. En effet, *« l'objectif de croissance est annoncé par le gouvernement chaque printemps, lors des réunions en plénière des deux sessions du Parlement. S'il n'est pas atteint naturellement, des investissements dans les infrastructures ou dans l'immobilier sont lancés par les gouvernements locaux »*, raconte Mary-Françoise Renard. La croissance chinoise ayant l'habitude d'être soutenue artificiellement par les autorités, il est peu probable qu'elle s'effondre dans les prochaines années. Mais cette stratégie du « tout à la croissance » s'approche malgré tout de ses limites, pour plusieurs raisons.

D'abord, les surinvestissements dans le secteur immobilier ont fini par fragiliser le secteur, comme l'ont montré les difficultés du promoteur Evergrande. Les autorités hésitent désormais entre assainir ce pan de l'économie, qui représente presque un tiers du PIB, et leur volonté de préserver la croissance pour montrer au monde et à la population chinoise le succès du modèle de développement économique du pays. *« Cela donne lieu à des injonctions contradictoires*, explique Mary-Françoise Renard. *Après le resserrement réglementaire annoncé en septembre 2020, qui visait à limiter les capacités d'endettement des promoteurs immobiliers, le Parti communiste chinois a annoncé un plan de soutien et de relance du secteur en novembre. Suite à quoi les six grandes banques nationales publiques se sont engagées à prêter l'équivalent de 130 milliards d'euros aux promoteurs du pays considérés comme les plus sains. »*

> **“ Pour éviter le piège des pays à revenus intermédiaires, la Chine doit viser une amélioration qualitative de sa croissance**

LES FINANCES DES COLLECTIVITÉS À SEC

En outre, les finances des collectivités locales chinoises, traditionnellement utilisées pour soutenir artificiellement la croissance, sont à sec. D'une part, leurs recettes sont largement dépendantes des ventes de terrains aux promoteurs immobiliers, qui ont marqué le pas précisément. D'autre part, elles ont dû faire face à des dépenses supplémentaires liées à la pandémie, notamment pour construire des centres de mise en quarantaine, devenus inutiles en l'espace de quelques jours. Une augmentation des dépenses qui n'a été que partiellement compensée par des transferts additionnels du gouvernement central, rapporte la Banque mondiale.

Enfin, à plus long terme, si la Chine veut éviter de tomber dans le *« piège des pays à revenus intermédiaires »*, comme l'appellent les économistes, elle ne doit plus seulement grappiller des points de croissance grâce à des investissements dont l'utilité peut être questionnée, mais doit viser une amélioration qualitative de sa croissance. *« Les autorités ont en tête cette problématique*, a constaté François Chimits. *Des objectifs de croissance sont toujours formulés, mais les communications gouvernementales stipulent désormais systématiquement qu'ils ne doivent plus être les seuls indicateurs des performances du pays et des autorités locales. »*

« Tous les moteurs de la croissance chinoise s'épuisent un à un », conclut Lun Zhang. L'économie a souffert de la politique zéro Covid et retrouvera un peu d'élan une fois le pic épidémique passé. Après le nouvel an chinois, le 22 janvier ? Ou plus tard encore, si de nouvelles vagues épidémiques surviennent ? Quoi qu'il en soit, le rebond sera modéré, au vu des défis durables auxquels est confronté Pékin. ■

[2] « Vieille avant d'être riche. La Chine face au défi de sa démographie », par Isabelle Attané, *Briefings de l'Ifri*, avril 2022, cutt.ly/m2SQeig

En Iran, la crise politique est aussi économique

Les problèmes économiques de l'Iran, en partie à l'origine du soulèvement actuel, ont toutes les chances de durer et de maintenir un fort niveau de mécontentement populaire.

Par Naïri Nahapétian

Depuis le 18 septembre, deux jours après la mort de Mahsa Amini, 22 ans, sous les coups de la police des mœurs qui l'a arrêtée à Téhéran pour un voile « mal porté », l'Iran connaît des manifestations aux cris de *« Zan, zendegui, azadi »* (*« Femme, vie, liberté »*). Manifestations violemment réprimées par des interventions sanglantes des forces de l'ordre et des arrestations, viols, tortures et exécutions sommaires. Si les précédents mouvements de mobilisation en Iran, en 2017 et en 2019, étaient directement dus à la vie chère, le soulèvement actuel paraît davantage centré sur des revendications politiques, les slogans réclamant la fin de la dictature des mollahs. Pour autant, le soulèvement a aussi des causes économiques, qui laissent présager que malgré la répression féroce, il va s'inscrire dans la durée. Parmi les slogans, on entend notamment : *« La pauvreté, la corruption, on en a marre ! »*

La situation économique est en outre plus mauvaise dans les régions du Kurdistan, à l'ouest, et du Baloutchistan, à l'est, où la révolte est particulièrement vive. *« Il est clair que le retard économique de ces régions a nourri un mécontentement également provoqué par les discriminations ethniques et religieuses »*, explique l'économiste Thierry Coville [1]. Le Kurdistan et le Baloutchistan sont en effet des régions de langues non persanes et où le sunnisme est majoritaire.

LA RUPTURE DE 2018

« La mobilisation que connaît l'Iran depuis septembre est d'abord liée au décalage entre les aspirations de la société à la modernité, la démocratie et l'Etat de droit, et le système politique archaïque de la République islamique », rappelle Thierry Coville. D'autant que ce système politique est dans une « impasse » depuis 2018, date à laquelle le président américain Donald Trump s'est retiré de l'accord de Vienne sur le nucléaire iranien, signé en 2015. Ce retrait a marqué l'échec des « réformateurs » iraniens, partisans d'une ligne plus modérée vis-à-vis de l'Occident, et plus ouverte culturellement et politiquement.

> **“ Seule une reprise des investissements étrangers contribuerait à sortir l'économie iranienne de la sclérose dont elle souffre**

Depuis 2020, ces réformateurs ne sont plus représentés politiquement et les ultraconservateurs tiennent toutes les rênes du pouvoir. Lors des dernières élections législatives en 2020 et présidentielle en 2021, seuls des candidats conservateurs ont été autorisés à concourir, et l'abstention a concerné plus de la moitié du corps électoral.

Mais la crise économique a aussi atteint un niveau inégalé à partir de 2018 parce que l'accord de Vienne avait permis pendant trois ans d'alléger les sanctions qui pesaient sur l'Iran depuis le début des années 2000, date à laquelle son programme nucléaire avait été découvert. La levée des sanctions avait conduit à une très forte croissance en 2016 (8,8 %) [2]. L'inflation était passée de 34,7 % en 2013 à 9 % en 2016. Les flux d'investissements directs étrangers atteignaient alors 5 milliards de dollars.

A l'inverse, la reprise de l'embargo en 2018, avec des sanctions imposées par les Etats-Unis à tous ceux qui achètent le pétrole iranien, a eu des effets catastrophiques. Les exportations pétrolières de l'Iran ont reculé de 2,1 millions de barils par jour en 2017 à moins de 190 000 barils en 2020, alors que les ventes de pétrole représentaient 70 % des revenus de l'Etat.

Marché à Téhéran, juin 2022. Le taux d'inflation en Iran est de 40 % par an depuis 2018.
© ATTA KENARE - AFP

La récession a succédé à la croissance : – 2,2 % en 2018. Certes, avec l'élection de Joe Biden, on a assisté à une plus grande « permissivité » des Etats-Unis, selon l'expression de Thierry Coville, vis-à-vis des ventes de pétrole de l'Iran à la Chine. Washington a fermé les yeux sur ces transactions contraires aux sanctions américaines. Les exportations sont remontées à 800 000 barils aujourd'hui. Et l'impact de la guerre en Ukraine a eu un effet positif sur l'économie iranienne avec l'augmentation des prix du pétrole. Ainsi, la croissance a atteint 4 % en 2021. Mais elle ne serait que de 3 % en 2022 et d'autres problèmes demeurent.

LES RAVAGES DE L'INFLATION

L'inflation est de 40 % par an depuis 2018. Et elle a été aggravée par la décision du président Ebrahim Raïssi, élu en juin 2021, de supprimer l'allocation de change pour les achats prioritaires. Jusque-là en effet, alors que le taux de change général était d'un dollar pour 30 000 tomans iraniens, un taux spécifique de 4 200 tomans était appliqué pour l'achat de viande et de médicaments. Or, en mars 2022, sous prétexte que les dollars ainsi achetés étaient revendus, ces allocations sur les taux de change ont été abolies, accélérant l'inflation. Parallèlement, avec l'embargo, la raréfaction des devises et la dépréciation de la monnaie ont mené à une hausse des prix à l'importation.

Or, avec l'inflation, les entreprises ont été confrontées à une très forte hausse de leurs coûts. Et beaucoup ont réduit leurs effectifs. Ainsi, le taux de chômage, officiellement de 9 %, tourne plutôt autour de 20 %, selon Thierry Coville. Près de 8 millions d'Iraniens des classes moyennes seraient tombés dans la pauvreté entre 2011 et 2020, selon l'économiste Djavad Salehi-Isfahani.

Aujourd'hui, la monnaie a encore chuté et un dollar s'achète 40 800 tomans en Iran. Et la crise politique actuelle éloigne toute perspective de signature d'un nouvel accord sur le nucléaire iranien. Qui pourrait négocier avec un régime qui tue des enfants et exécute des jeunes qui n'ont commis d'autre crime que de participer à des manifestations ? Or, seule la levée de l'embargo pourrait permettre le retour des devises en Iran et la revalorisation de sa monnaie. Et, plus structurellement, seule une reprise des investissements étrangers contribuerait à sortir l'économie iranienne de la sclérose dont elle souffre.

L'Iran, qui occupe le troisième rang mondial des pays producteurs de gaz naturel et le quatrième pour ses réserves de pétrole, demeure en effet massivement dépendant des hydrocarbures. De ce fait, l'économie iranienne appartient, selon Thierry Coville, à 60 % au secteur public, à 20 % au secteur parapublic et seulement à 20 % au secteur privé. Autant de caractéristiques qui favorisent la constitution d'oligarchies rentières et brident la mise en place d'une véritable fiscalité moderne et étendue. Or, ces mêmes caractéristiques ne créent pas les conditions favorables pour intégrer sur le marché du travail les générations de jeunes et de femmes formés par le système éducatif. Autant de catégories qui sont aux premiers rangs de la contestation et dont les légitimes revendications ne reçoivent de la part du régime qu'une réponse *« purement répressive »*, constate Thierry Coville. ■

[1] Auteur de *L'Iran, une puissance en mouvement*, Eyrolles, 2022.

[2] « L'économie de l'Iran en 2022 : en attendant… le retour des Etats-Unis dans l'accord de Vienne », par Thierry Coville, dans *Les grands dossiers de diplomatie* n° 69, août-septembre 2022.

ZOOM

Démocratie ébréchée

Cette barricade-là, près de l'aéroport de Juliaca, les policiers péruviens ont réussi à la démonter. Mais un peu partout dans le pays, au sud surtout et à Lima, les manifestants ont dressé d'autres barrages sur les routes. Leur but ? Déloger du pouvoir la présidente par intérim, Dina Boluarte, et les députés. Le 7 décembre dernier, ces parlementaires ont destitué le chef de l'Etat, Pedro Castillo, syndicaliste enseignant d'origine rurale dans lequel de nombreux Péruviens appartenant aux communautés indigènes (environ un quart de la population) avaient placé leurs espoirs de changement. C'est aussi en raison de ses origines et de ses projets qu'une partie de la classe politique incarnant l'élite urbaine s'était mobilisée pour chasser Castillo du pouvoir dès qu'il avait été élu à la tête du pays, sans majorité parlementaire, en juin 2021. Deux fois, ces partis ont échoué à réunir les 87 voix de députés sur 130 requises par la Constitution pour déclarer « l'incapacité morale permanente » du chef de l'Etat. De son côté, pour éviter qu'ils y parviennent, Pedro Castillo a cherché de plus en plus d'alliés à droite et même à l'extrême droite du Parlement. Finalement, le 7 décembre, devant la menace d'un nouveau vote, il a prononcé de manière inconstitutionnelle la dissolution du Parlement. Mal lui en a pris : 101 députés ont prononcé sa destitution. Puis l'Assemblée a annoncé le 21 décembre que des élections présidentielle et parlementaires seraient organisées en avril 2024. Beaucoup trop tard pour tous ceux qui avaient cru dans les espoirs soulevés par Pedro Castillo et qui ne veulent pas attendre jusque-là. Quitte à payer le prix du sang sur les barricades. ■

Yann Mens

Juliaca (Pérou), 7 janvier 2023

© JUAN CARLOS CISNEROS - AFP

La crise de l'énergie va-t-elle tuer l'industrie européenne ?

L'inflation énergétique est un coup dur pour l'industrie européenne, déjà fragilisée par l'ambitieuse politique industrielle américaine et son retard dans les technologies des transitions énergétiques et numériques.

Par Justin Delépine

Entreprise Duralex à La Chapelle-Saint-Mesnin (45). La verrerie a dû suspendre sa production face à l'envolée des prix de l'énergie.
© CLÉMENT MARTIN - HANS LUCAS

> « La contagion de la hausse des prix du gaz à ceux de l'électricité frappe indirectement toute la production électrique européenne

Alerte sur l'industrie européenne. Avec des prix de l'énergie qui flambent, les industriels du Vieux Continent tremblent. Ces dernières semaines, Duralex, William Saurin et d'autres ont dû suspendre leur production pendant plusieurs semaines, voire plusieurs mois. Touchant particulièrement l'Europe, l'envolée du coût du gaz et de l'électricité fait craindre une désindustrialisation du continent au profit de ses concurrents.

Les signaux inquiétants se multiplient. Le fabricant norvégien de panneaux solaires Rec Solar devait créer une grande usine en Moselle avec 2 500 emplois à la clé. Mais après deux ans de travail sur le projet, le prix de l'électricité l'a décidé à s'installer finalement aux Etats-Unis. Le suédois Northvolt est en train de prendre le même chemin, renonçant à la construction en Allemagne d'une gigafactory – une usine géante de batteries pour véhicules électriques – pour potentiellement s'implanter outre-Atlantique. Des exemples parmi d'autres d'industriels annonçant un report ou une annulation d'investissements en Europe au profit, souvent, des Etats-Unis.

VULNÉRABILITÉ EUROPÉENNE

« Entre début 2020 et mi-2022, les prix du gaz ont été multipliés par entre huit et dix en Europe, alors qu'ils ont simplement triplé aux Etats-Unis par exemple », pointe Raphaël Trotignon, responsable du pôle « énergie-climat » de Rexecode, institut d'études économiques proche du patronat. Contrairement aux cours du pétrole qui sont largement internationalisés et touchent l'ensemble des pays de façon assez homogène, ceux du gaz sont plutôt régionaux (et ceux de l'électricité davantage nationaux). La volonté de réduire, voire de sortir de la dépendance au gaz russe est spécifique à l'Europe et y rend donc la crise des prix bien plus vive.

Autre difficulté : cette inflation du prix du gaz s'est répercutée sur l'électricité. En effet, le gaz est massivement utilisé pour produire du courant (19 % du *mix* européen). Par ailleurs, le prix de l'électron est déterminé par la dernière centrale appelée pour répondre à une hausse de la demande au cours de la journée. Or, il s'agit souvent d'une centrale au gaz. La contagion de la hausse des prix du gaz à ceux de l'électricité frappe donc indirectement toute la production électrique européenne.

Malgré ce contexte très délicat, la production industrielle européenne comme française n'a pas jusqu'à présent diminué. Comment expliquer cet apparent paradoxe ? Les multiplications par dix du prix du gaz ou de l'électricité concernent les marchés de gros, c'est-à-dire ceux où producteurs et fournisseurs d'énergie échangent. Or, une minorité des entreprises industrielles françaises a opté pour des contrats indexés sur les marchés de gros : cela concerne 21 % d'entre elles pour l'électricité et 27 % pour le gaz. Les autres ont pour la plupart des contrats à prix fixe d'une durée de quelques années. Elles ont donc été jusqu'alors relativement épargnées par la crise.

Problème : entre les deux tiers et les trois quarts des contrats à prix fixes des industriels français sont arrivés à échéance fin 2022 ou vont y arriver au cours de cette année. La répercussion de l'inflation énergétique sur les factures finales se manifeste donc maintenant.

LA BOMBE À RETARDEMENT PRÊTE À EXPLOSER

Beaucoup d'observateurs alertent sur le risque de destruction massive d'usines. S'il est délicat de prédire précisément les conséquences de la crise en cours, les usines les plus menacées sont évidemment celles qui sont les plus intensives en énergie, c'est-à-dire la poignée de secteurs où celle-ci représente une part importante des coûts de production : la chimie, le verre, la sidérurgie, la fabrication de papier, la métallurgie, etc. Avant la crise, elle représentait par exemple 17 % des coûts de production de la chimie, 9 % de ceux de la fabrication de métaux ou encore 4 % de ceux du papier.

« Les activités les plus intensives en énergie se trouvent surtout en amont des chaînes de valeur, à l'instar de la chimie, précise Vincent Charlet, directeur du *think tank* La Fabrique de l'industrie. *Ce secteur, par exemple, a besoin du gaz et du pétrole comme sources de chaleur et matières premières. »* Les répercussions vont dépendre du *« niveau de marge de chaque secteur et de leur capacité à transmettre la hausse du coût de l'énergie dans le prix de vente, qui résulte en partie de l'état de la concurrence »*, explique Jean-Alain Andrivon, économiste à Rexecode chargé des pays avancés. Pour un produit dont le marché et la concurrence sont principalement européens, il y a peu de raisons de s'inquiéter, car l'ensemble des industriels sont soumis à la même tension inflationniste. A l'inverse, si le marché est mondial et que les industriels européens sont en concurrence avec des Brésiliens, des Américains ou des Coréens, alors ils auront davantage de mal à augmenter leurs prix.

Autre possibilité alors : baisser leurs marges pour amortir la hausse de la facture énergétique. Mais cela dépend du niveau de profitabilité de chaque secteur. En se basant sur la situation de 2019, une étude de Rexecode indique qu'une simple hausse des prix de l'énergie de 2 % suffit pour annuler la marge brute de la sidérurgie. Ce chiffre est de 58 % pour les papetiers, 158 % pour la fonderie, ou encore 349 % pour la chimie et la plasturgie. Avec des marchés de l'énergie qui ont enregistré des augmentations allant jusqu'à 700 % ou 800 %, ce levier est donc très limité pour certains secteurs.

INQUIÉTUDE POUR LES INVESTISSEMENTS

Faut-il alors craindre une vague massive de faillites ? Pas vraiment. L'inquiétude réside plutôt dans les choix de ne pas investir en Europe. Safran prévoyait par exemple de créer une usine de freins carbone à Feyzin, en banlieue lyonnaise. *« Mais en 2022, le prix de l'énergie a été multiplié par cinq en France, comparé à 2019,* a souligné fin octobre son patron Olivier Andriès. *Or, la fabrication de freins carbone est pour nous l'activité la plus consommatrice d'énergie. Elle représente 40 % de leur coût de fabrication. »* En attendant de trancher s'il investit ou non en France, Safran a augmenté sa production sur ses sites malaisiens et américains.

Autre raison de s'inquiéter : le volontarisme politique dont fait aujourd'hui preuve le gouvernement américain. Washington a adopté l'été dernier un vaste plan nommé Inflation Reduction Act (IRA). Un nom très réducteur, tant il s'agit d'un plan d'investissement massif et d'une politique protectionniste assumée. Entré en vigueur au 1er janvier, il s'étale sur une décennie et est doté de 490 milliards de dollars. A l'exception des 100 milliards dédiés à une meilleure couverture santé des Américains, le reste concerne l'industrie et le climat, avec un accent mis sur les technologies de la transition énergétique.

+ L'EUROPE GRANDE PERDANTE DE LA CRISE ÉNERGÉTIQUE

« D'un point de vue macroéconomique, le choc est très différent en Europe et aux Etats-Unis, puisque contrairement aux Européens, les Américains produisent autant de gaz et de pétrole qu'ils en consomment, explique Jean-Alain Andrivon, de Rexecode. *L'inflation énergétique aux Etats-Unis prend donc la forme d'un prélèvement sur les consommateurs au profit des entreprises énergétiques, alors qu'en Europe, il s'agit d'un prélèvement sur les consommateurs au bénéfice des pays producteurs. »* Dit autrement, quand l'économie européenne paye très cher l'inflation énergétique, les Etats-Unis peuvent opérer un rééquilibrage interne.

DES SECTEURS MENACÉS PAR LA HAUSSE DE LA FACTURE ÉNERGÉTIQUE

Seuil à partir duquel, sur la base de la situation en 2019, l'augmentation de la facture énergétique annulerait la marge brute d'un secteur, en %

Source : Rexecode

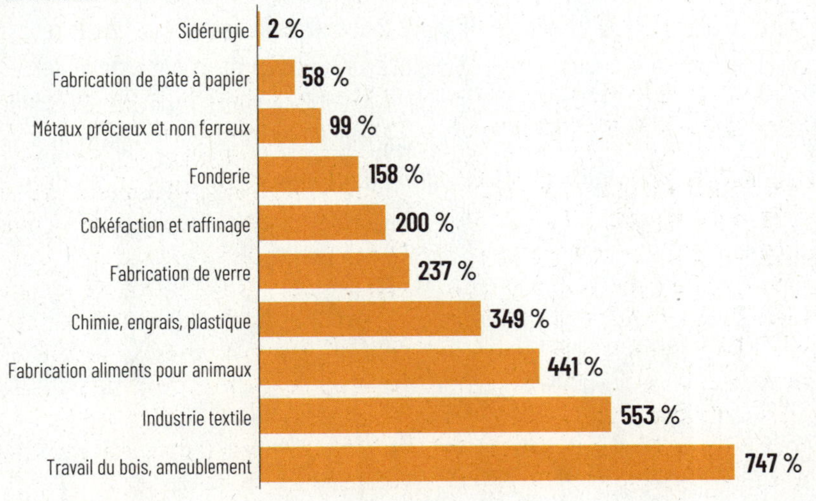

Lecture : sur la base de la situation en 2019, une hausse des prix de l'énergie de 58 % annule la marge brute du secteur de la fabrication de pâte à papier.

« Qu'il s'agisse des crédits d'impôt pour l'achat de véhicules électriques produits aux Etats-Unis ou des aides à la décarbonation de l'industrie, c'est une incitation très claire à la production américaine », résume Jean-Alain Andrivon. *« L'Inflation Reduction Act est une véritable politique industrielle visant à favoriser certains secteurs de l'industrie verte* [voiture électrique, hydrogène, carburants de synthèse, etc., NDLR] *pour inciter à investir dans les technologies de la transition énergétique,* analyse Vincent Vicard, économiste au Cépii. *Et il s'agit d'un plan financé, car dans le même temps est prévue une réduction du déficit* via *des recettes nouvelles. »* Taxation minimale des grandes entreprises, lutte contre la fraude fiscale : le gouvernement anticipe 790 milliards de dollars de recettes supplémentaires sur dix ans.

UNE RÉPONSE TROP LENTE

« Face à la crise énergétique qui pousse certains industriels à tourner à perte, les sirènes américaines sont aujourd'hui de nature à charmer beaucoup d'investisseurs européens », observe Vincent Charlet. C'est la raison pour laquelle les responsables politiques européens ont tenté, sans succès, d'amender le plan américain. La Commission planche sur un plan équivalent. Emmanuel Macron appelle, lui, à une subvention du « made in Europe ». Mais rien de concret n'a été acté, ni même annoncé.

> « Les sirènes américaines sont aujourd'hui de nature à charmer beaucoup d'investisseurs européens »
>
> **VINCENT CHARLET,** directeur de La Fabrique de l'industrie

Une illustration des divisions au sein de l'Union européenne, de sa difficulté à réagir rapidement et à se donner les moyens de ses ambitions. Même si l'Europe a sorti le carnet de chèques ces dernières années : 5,4 milliards d'euros pour l'hydrogène vert, 43 pour les semi-conducteurs, etc. Mais ces aides restent inférieures à celles débloquées par la Chine et les Etats-Unis, surtout au regard du retard pris par le Vieux Continent dans ces nouvelles technologies.

« L'Europe est dans une situation différente de celle des Etats-Unis, car elle connaît un excédent commercial structurel », tempère Vincent Vicard. Exceptée l'année 2022, pour laquelle sa balance commerciale (le solde entre les exportations et importations de marchandises) était en déficit en raison de l'envolée du prix des hydrocarbures, la zone est excédentaire, surtout vis-à-vis des Etats-Unis.

« Une poignée d'Etats membres, comme l'Allemagne ou les Pays-Bas, ont tiré l'excédent européen pendant la dernière décennie. Du point de vue européen, ce n'est pas tant la part de l'industrie dans son économie qu'il faut développer qu'éventuellement revoir sa répartition géographique et, surtout, investir dans les secteurs de la transition écologique », ajoute l'économiste.

Le risque est bien là, dans le fait d'être dépassé sur les technologies de demain. L'inquiétude porte notamment sur les trois secteurs souvent cités comme les plus stratégiques : les batteries pour voitures électriques, les puces présentes dans tout ce qui contient une couche numérique ou encore l'hydrogène. Sur la période 2016-2022, l'Europe n'a concentré respectivement que 27 %, 7 % et 5 % des investissements mondiaux dans ces secteurs. Contre 27 %, 30 % et 12 % pour les Etats-Unis et 46 %, 63 % et 41 % pour l'Asie.

A cette tendance de fond s'est ajoutée depuis l'année dernière la crise de l'énergie, qui représente un risque supplémentaire de marginalisation de l'Europe sur le front technologique et industriel. Donc, *in fine*, une plus grande difficulté à assurer sa souveraineté. ■

Des quartiers populaires en

« **U***ber a fait bien plus pour l'emploi dans les banlieues que trente ans de politique de la ville auparavant !* », avait fameusement déclaré en juin 2021 Cédric O, alors secrétaire d'Etat au Numérique. Une sortie osée, mais malheureusement pas complètement absurde.

Une note récente du bureau d'études Compas montre en effet que le nombre de livreurs est passé de 35 000 en janvier 2019 à 180 000 en juin 2022. Mais aussi que cette hausse a été particulièrement forte dans les quartiers prioritaires de la politique de la ville (QPV), où la concentration des emplois de livreurs (et chauffeurs VTC) atteint en effet des proportions étonnantes. « *Au 1er janvier 2022, parmi les 179 200 livreurs en activité en France, un sur quatre (24 %) réside dans un quartier prioritaire de la politique de la ville* », alors que ces derniers

Nombre de livreurs pour 1 000 personnes en emploi dans le Grand Paris, en 2022

Source : Compas

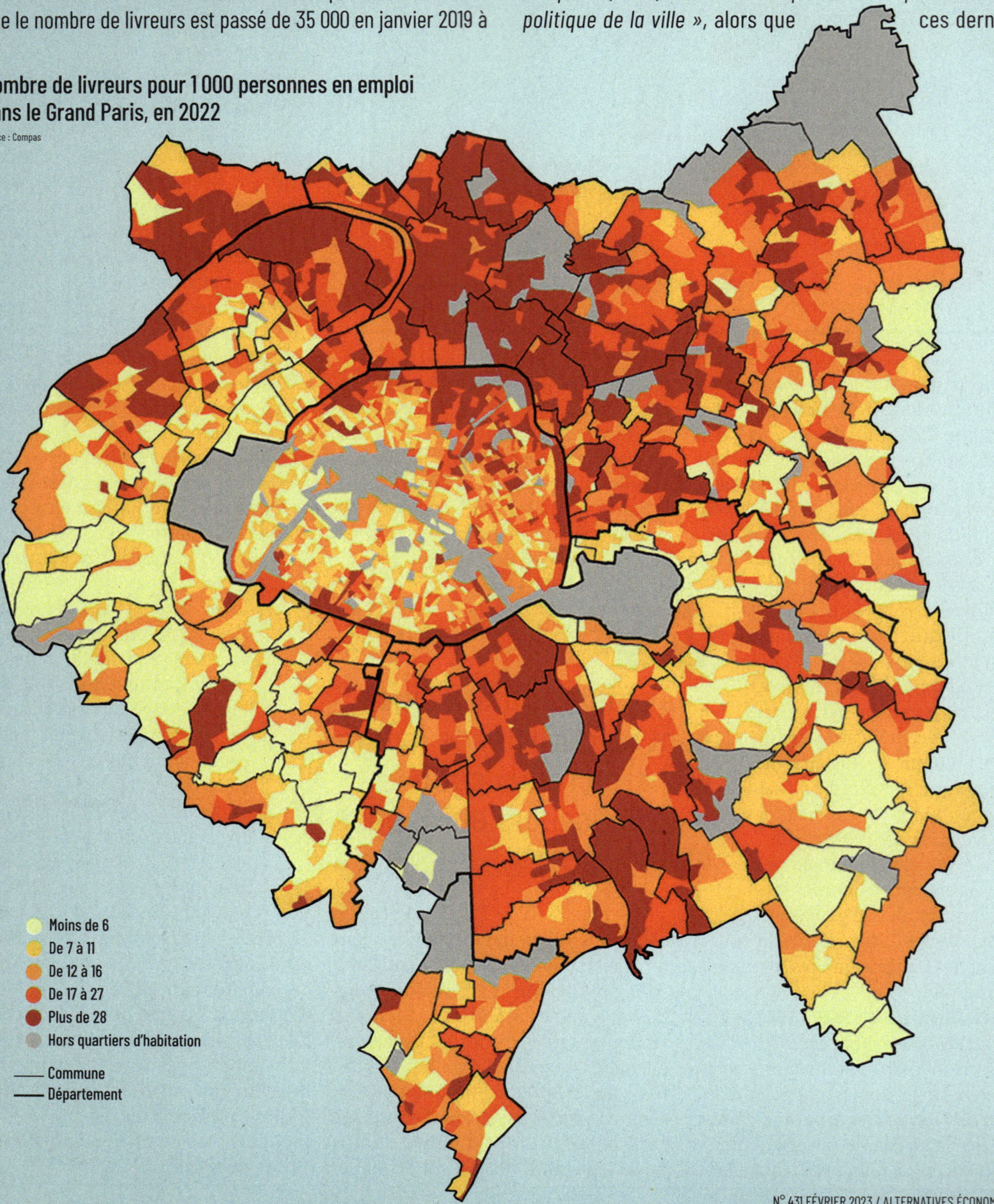

état d'ubérisation avancée

n'hébergent que 5 % de l'ensemble des travailleurs, note le chercheur Hugo Botton. Dans certaines zones urbaines, cette proportion dépasse les 50 %, comme dans les communautés d'agglomération de Blois, Béziers ou Mulhouse. Symétriquement, les calculs du sociologue montrent que, dans certains QPV d'agglomérations de taille moyenne (Angers, Tours, Caen), plus d'un homme en emploi sur quatre est livreur !

Au sein du Grand Paris, leur répartition se superpose presque parfaitement à celle des banlieues populaires. Plus généralement, la concentration de livreurs dans les quartiers prioritaires est d'autant plus forte que le taux de chômage, le taux de pauvreté, la part d'immigrés et le taux de déclassement (diplômés niveau bac +2 travaillant comme ouvriers ou employés) y sont élevés. Signe, selon Hugo Botton, de l'importance des discriminations sur le marché du travail et de la désaffection pour le salariat dans le « choix » de se mettre à son compte, même sous le statut peu enviable de travailleur des plates-formes.

Xavier Molénat

Une forte corrélation entre ubérisation et chômage

Taux de chômage par quartier dans le Grand Paris en 2018, en %

Source : Compas

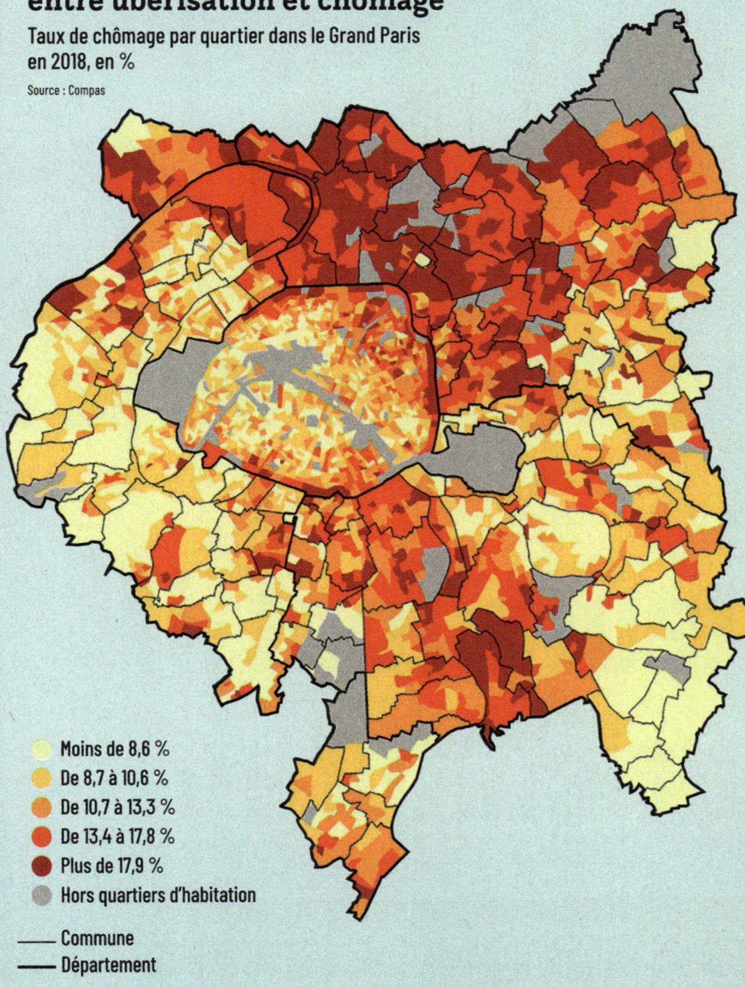

La crise sanitaire a fait exploser le nombre de livreurs dans les quartiers prioritaires

Evolution du nombre de livreurs et de chauffeurs dans les quartiers prioritaires de la politique de la ville (QPV) et hors de ces quartiers, entre janvier 2019 et juin 2022

Source : Compas

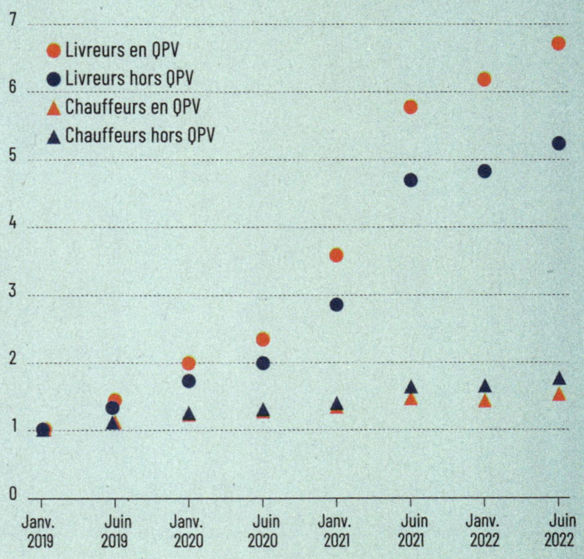

Lecture : le nombre de livreurs a été multiplié par 6,7 entre janvier 2019 et juin 2022 dans les QPV, contre 5,2 hors des QPV. Sur la même période, le nombre de chauffeurs en QPV a été multiplié par 1,5, contre 1,8 hors QPV.

Plus un quartier est fragile, plus il compte de livreurs

Surreprésentation des livreurs en 2022 parmi les travailleurs selon certaines caractéristiques (données 2018) des quartiers en France

Source : Compas

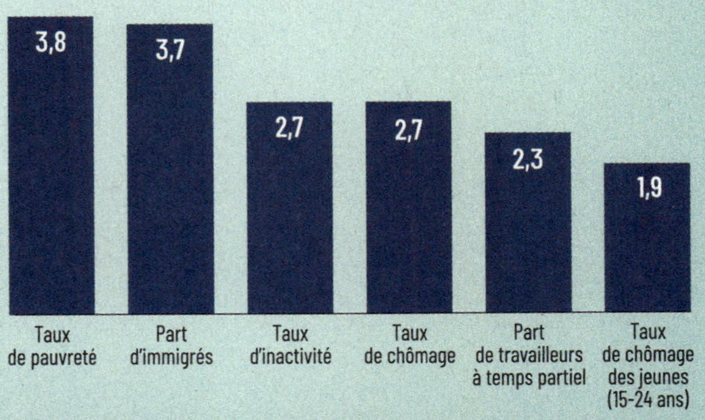

Lecture : dans les 10 % des quartiers ayant la plus forte part d'immigrés, il y a 3,7 fois plus de livreurs parmi les travailleurs que dans les autres quartiers.

EN SAVOIR PLUS

« L'ubérisation des quartiers », par Hugo Botton, *Compas Zoom* n° 27, 24 novembre 2022, www.lecompas.fr/doc/CompasZOom27-24nov2022.pdf

Les agriculteurs font-ils encore l'agriculture ?

La montée du salariat et de la sous-traitance bouscule le modèle de l'exploitation familiale. Et nourrit en France une crise identitaire analysée par les sociologues Bertrand Hervieu et François Purseigle.

Propos recueillis par Antoine de Ravignan

© D. R.

Bertrand Hervieu
Sociologue, inspecteur général de l'agriculture honoraire, ancien directeur de recherche au CNRS, ancien président de l'Inrae

© JULIE PONCET

François Purseigle
Professeur en sociologie, directeur du département de sciences économiques, sociales et de gestion de l'Ecole nationale supérieure agronomique de Toulouse

Agriculteurs en Charente. L'organisation du travail sur les fermes est désormais de moins en moins familiale.
© ED ALCOCK - MYOP.

L'agriculture n'est plus ce qu'elle était. La vision d'une France de petites et moyennes exploitations, détenues et cultivées sur une base familiale, correspond de moins en moins à la réalité. Les fermes tendent à devenir des entreprises comme les autres, montrent les sociologues Bertrand Hervieu et François Purseigle dans un nouvel ouvrage, *Une agriculture sans agriculteurs* (voir « En savoir plus »). Faut-il vraiment s'en désoler ?

Pourquoi parlez-vous d'une agriculture sans agriculteurs ?

Bertrand Hervieu : En titrant ainsi notre livre, nous avons voulu souligner deux évolutions. D'abord, la poursuite de la diminution rapide du nombre des chefs d'exploitation. En comptant les conjoints coexploitants, leur nombre est passé de 604 000 en 2010 à 496 000 en 2020. Ils ne représentent plus que 1,5 % de la population active française, contre un tiers au lendemain de la Seconde Guerre mondiale. C'est une mutation profonde de notre société. Alors qu'ils gèrent de par leur activité la moitié du territoire national, les agriculteurs sont devenus extrêmement minoritaires, y compris dans les communes où ils vivent. Cette situation de minorité chez soi, pourrait-on dire, est douloureuse pour le monde agricole, confronté entre autres à une société qui lui demande des comptes sur les questions de santé et d'environnement.

A côté de ce phénomène au long cours en émerge un autre, bien moins identifié. Il s'agit de la recomposition de l'organisation du travail sur les fermes, désormais de moins en moins familial. Ce processus, que François Purseigle a beaucoup étudié, prend des formes multiples : recours accru par les chefs d'exploitation à des salariés temporaires ou permanents, appel à des entreprises de travaux agricoles à qui l'activité peut être partiellement, voire totalement, sous-traitée, agriculteurs qui deviennent eux-mêmes des prestataires de services pour des tiers… Cette montée du salariat et de la sous-traitance s'accompagne de recompositions dans les statuts des exploitations. Même si celles-ci restent à 90 % des entreprises familiales (qui sous-traitent de plus en plus le travail), un nombre croissant d'unités de production sortent désormais de ce cadre, sous

BEAUCOUP D'INCERTITUDES SUR LE DEVENIR DE L'EXPLOITATION

Devenir envisagé dans trois ans pour les exploitations ayant au moins un exploitant de plus de 60 ans, réponses en %

Source : recensement agricole 2020

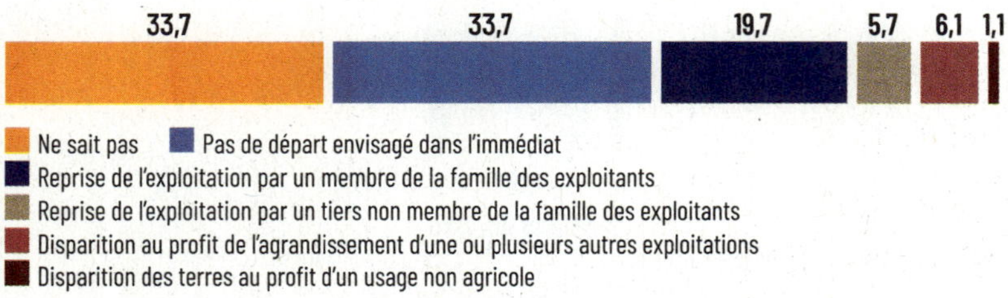

des formes extrêmement variées : microentreprises, sociétés coopératives, sociétés anonymes, qui peuvent elles-mêmes être des filiales de très grands groupes…

La disparition des chefs d'exploitation et de leur force de travail est-elle compensée par la montée en puissance du salariat ?

François Purseigle : Nous manquons de chiffres précis et agrégés. Il y a aujourd'hui environ 170 000 salariés permanents embauchés directement par les exploitations, mais cette donnée ne rend pas compte des évolutions profondes que Bertrand Hervieu vient d'évoquer. Selon l'économiste Axel Magnan, 700 000 salariés travailleraient sur des fermes, si l'on compte les recrutements via par exemple les groupements d'agriculteurs ou les entreprises de travaux agricoles. Il est d'autant plus difficile de mesurer des évolutions qu'une partie de ce travail sous-traité est invisible. C'est par exemple le cas lorsqu'un agriculteur fournit des services à un autre.

En dépit de ces incertitudes, il est clair que le recours accru à des formes de travail délégué ne compense pas le recul du travail familial. A la rigueur, cela pourrait plus ou moins équilibrer la baisse de l'effectif des chefs d'exploitation, mais il faut compter aussi avec la chute des autres actifs familiaux. Entre les recensements de 2010 et de 2020, le nombre des conjoints et membres de la famille ayant un statut d'actif agricole a reculé de 30 %. Avec 18 % de conjoints qui exercent le métier de chef d'exploitation, l'agriculture n'est définitivement plus une activité conjugale. Par ailleurs, quand le conjoint ou d'autres membres de la famille continuent d'avoir une activité agricole, ils le font désormais largement à temps partiel. L'agriculture vit finalement à son tour l'évolution que d'autres secteurs où la dimension familiale était très forte ont connue, comme le petit commerce ou l'artisanat. Cette banalisation de l'entreprise agricole explique en bonne partie les difficultés des chefs d'exploitation à maintenir l'organisation du travail.

Quelle est la dynamique du double phénomène que vous décrivez ?

B. H. : La diminution du nombre des fermes et leur agrandissement, d'une part, les recompositions du travail et du capital, d'autre part, sont des tendances qui devraient perdurer, voire s'amplifier, du fait du vieillissement de la population des chefs d'exploitation. La moitié est âgée de plus de 55 ans et d'ici à 2030, selon la Mutualité sociale agricole, ce ne sont pas moins de 196 186 chefs d'exploitation qui seraient susceptibles de prendre leur retraite. Or, aujourd'hui, un tiers des chefs d'exploitation de 55 ans et plus n'ont pas de successeur désigné.

F. P. : C'est une situation d'autant plus préoccupante qu'il y a beaucoup de raisons de penser que les agriculteurs poursuivront moins leur activité au-delà de l'âge de la retraite qu'ils ne le faisaient jusqu'à présent. Du fait des difficultés qu'ils rencontrent, par exemple la hausse des prix des engrais et autres intrants liée à la crise des prix de l'énergie, bon nombre pourraient arrêter plus vite qu'ils ne l'auraient voulu.

Cette évolution pourrait-elle affecter le niveau de la production agricole ?

F. P. : La question pourrait se poser dans certains secteurs. En production laitière, les exploitants bretons ou normands ont jusqu'ici compensé, en s'agrandissant, les pertes de production d'autres régions où le nombre des actifs a beaucoup diminué, comme en Occitanie ou en Nouvelle-Aquitaine. Désormais, avec la moitié des éleveurs bretons et normands qui vont partir à la retraite, l'avenir est plus incertain. Les producteurs de ces régions se demandent comment ils vont faire pour répondre demain à la demande des industriels. Il y aura des appels d'air. Et les réorganisations futures feront intervenir des acteurs qui ne seront pas nécessairement nationaux. On voit déjà des producteurs néerlandais investir dans des fermes bretonnes.

Si l'agriculture fonctionne de plus en plus sans agriculteurs, c'est en raison des difficultés économiques des exploitations familiales ?

> **« Avec 18 % de conjoints qui exercent le métier de chef d'exploitation, l'agriculture n'est plus une activité conjugale »**

FRANÇOIS PURSEIGLE

> « La recomposition très forte du travail en agriculture n'est pas incompatible avec la transition agroécologique »

BERTRAND HERVIEU

B. H. : Beaucoup d'exploitations ne s'en sortent pas, et c'est bien sûr un facteur d'explication. Mais ce n'est pas le seul, loin s'en faut. La crise du modèle de l'exploitation familiale a aussi des ressorts culturels et patrimoniaux puissants, et c'est un point sur lequel nous insistons beaucoup dans notre livre.

Sur le plan culturel, ce modèle entre en contradiction avec l'aspiration des individus à l'autonomie, à réaliser leurs désirs. Or, l'assignation à un métier, c'est fini. La personne qui se met en couple avec un agriculteur ou une agricultrice ne se sent plus dans l'obligation de travailler sur la ferme et de renoncer au métier qu'il ou elle veut exercer. De même, les enfants ne se sentent plus investis du devoir de poursuivre l'œuvre de leurs parents. S'il n'y a pas de repreneur, ce n'est pas leur problème. Et quand on s'installe en agriculture, ce n'est plus forcément pour la vie. Ce peut être un moment dans une carrière multiprofessionnelle. L'agriculture est peut-être un secteur où l'on observe des subsistances de l'assignation à un métier, mais celle-ci n'est pas plus tolérée ni tolérable qu'ailleurs.

F. P. : Pour ce qui est des enjeux patrimoniaux, il faut bien mesurer ce que le modèle de l'agriculture familiale auquel nous sommes très attachés en France peut avoir d'inégalitaire. Lorsqu'un membre de la famille prend la succession de l'exploitation, de fait les autres ayants-droit doivent plus ou moins renoncer à ce qu'ils auraient gagné si les actifs avaient été vendus. Ces arrangements familiaux inégaux pour conserver l'activité et le patrimoine sont de plus en plus difficilement acceptés dans les fratries, et ce d'autant moins qu'avec le mouvement d'agrandissement continu des exploitations, celles-ci représentent désormais un capital très important, forcément convoité par l'ensemble des descendants. Dans ce contexte, après un départ à la retraite, la sous-traitance de l'exploitation est souvent une solution transitoire, en attendant de trouver un acheteur.

Face aux enjeux écologiques, le modèle de la ferme familiale n'est-il pas pourtant plus adapté, plus résilient, plus souhaitable finalement que le modèle salarial ?

F. P. : Les Français ont tendance à idéaliser la forme familiale d'organisation du travail agricole. Mais derrière le mot exploitation familiale, il y a aussi le mot exploitation. La résilience de ces structures a historiquement beaucoup reposé sur le travail non rémunéré des grands-parents, sur le surtravail des chefs d'exploitation et de leurs conjoints, l'impossibilité de partir en vacances… C'est-à-dire sur des formes de bricolage qui ne sont plus acceptées aujourd'hui, et c'est tant mieux. Pour toutes les raisons que nous avons exposées, on voit bien que la capacité de l'exploitation de type familial à se charger de l'injonction environnementale, en plus de tout le reste, a des limites. C'est d'ailleurs ce que nous renvoie la réalité du marché. L'attention médiatique portée aux circuits courts et à l'agriculture de proximité ne doit pas faire oublier que les consommateurs de produits bio se tournent principalement vers la grande distribution, qui fournit des produits très largement issus d'exploitations de très grande taille.

B. H. : La recomposition très forte du travail en agriculture n'est pas incompatible avec la transition agroécologique. Il ne faut pas y voir un obstacle et « essentialiser » le modèle familial. Beaucoup d'exploitations classiques, prises dans leurs contraintes, ne peuvent opérer de conversion, tandis que des nouveaux entrants, sous des formes d'organisation plus fluides, plus abstraites, arrivent à mettre en place des itinéraires techniques vertueux.

Pour répondre au défi du renouvellement des agriculteurs, une nouvelle loi d'orientation agricole doit en principe être présentée en juin 2023, après une phase de concertation lancée en décembre dernier. Quel message voulez-vous faire passer ?

F. P. : Il faut acter la réalité : accepter politiquement la banalisation de l'entreprise agricole et assumer le fait que le renouvellement de la force de travail passe par un recours accru au salariat. Cela implique des efforts en matière de formation, de protection, de rémunérations pour attirer ces travailleurs. Les dispositifs de politique publique ne peuvent plus les ignorer et se contenter de soutenir les seuls exploitants et leurs familles.

B. H. : Le deuxième sujet est celui de la mise en œuvre effective des objectifs environnementaux nationaux, entre autres une division par deux de l'usage des pesticides supposée être atteinte en 2025. Les multiples tentatives de réforme du régime des aides depuis plus d'une décennie pour réorienter les pratiques se sont jusqu'ici soldées par des échecs, malgré les latitudes permises par la réglementation européenne. Et l'état actuel des rapports de force ouvre peu de perspectives de changement à court terme. ■

EN SAVOIR PLUS

■ ***Une agriculture sans agriculteurs. La révolution indicible,*** par François Purseigle et Bertrand Hervieu, Les Presses de Sciences Po, 226 p., 16 €.

Une loi qui va bel et bien accélérer les énergies renouvelables

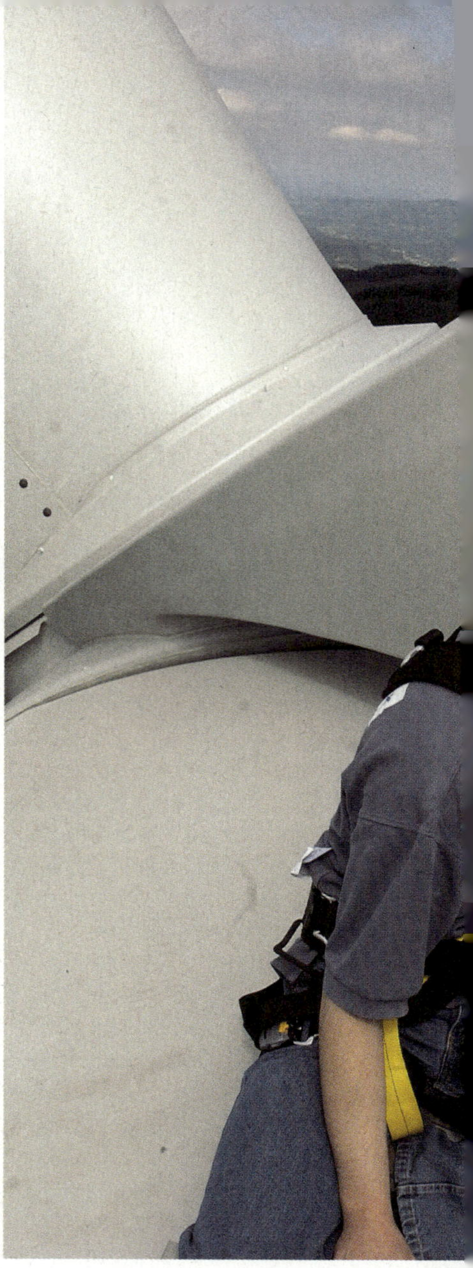

Malgré ses insuffisances, la loi d'accélération des énergies renouvelables devrait faciliter leur déploiement ces prochaines années.

Par Antoine de Ravignan

« *C'est incompréhensible.* » Daniel Bour, président d'Enerplan, le syndicat des professionnels de l'énergie solaire, ne cache pas sa déception à l'égard des députés écologistes et LFI. Le 10 janvier, les premiers se sont abstenus et les seconds ont voté contre le projet de loi d'accélération des énergies renouvelables adopté en première lecture, du coup à une modeste majorité (286 oui et 238 non). Sans la cinquantaine de voix des groupes « Socialistes et apparentés » et « Libertés, indépendants, outre-mer et territoires » (Liot), ce texte aurait pu disparaître et encourager ainsi le camp du négationnisme de fait de l'urgence climatique, les élus LR, RN et une partie de la majorité présidentielle. Après le scrutin, la réunion de la commission mixte paritaire pour réconcilier le texte de l'Assemblée nationale avec celui du Sénat, adopté le 4 novembre, était évoquée pour le 24 janvier, et un vote définitif le 31 janvier.

286

C'est le nombre de votes favorables au projet de loi d'accélération des énergies renouvelables.

UNE GAUCHE TRÈS CRITIQUE

La gauche a vivement critiqué un manque d'ambition. Comme le regrette Charles Fournier, député écologiste d'Indre-et-Loire, ce texte technique arrive avant la future loi énergie-climat (LEC) supposée être adoptée avant mi-2023, qui doit définir les grandes orientations et aboutir à de nouveaux objectifs filière par filière : *« Pour nous, le bon ordre, c'était d'abord la LEC et ensuite travailler sur la méthode, non l'inverse ! »*

Ce texte est de fait dépourvu de chiffres et mesures contraignants qui permettraient à la France de rattraper son retard. Et nombre d'améliorations portées par les élus Nupes ont été rejetées, comme l'introduction d'obligations relatives à l'équipement de bâtiments publics et privés en panneaux solaires. Tout juste ont-ils avec leurs amendements gagné l'abaissement du seuil à partir duquel il sera obligatoire d'installer des ombrières photovoltaïques sur les parkings, passé de 2 500 à 1 500 mètres carrés, ou une clarification de la définition de l'agrivoltaïsme pour éviter les dérives.

Trois conditions pourraient toutefois amener les élus écologistes à soutenir le texte final, indique Charles Fournier. D'abord, une non-régression sur les acquis. Ensuite, un retour aux conditions d'invocation de la raison impérative d'intérêt public majeur (RIIPM) telles que formulées dans le projet initial du gouvernement (article 4). Si le projet de loi initial restreignait aux énergies renouvelables le recours à la RIIPM, un amendement l'a étendu à des équipements « bas

Eoliennes en Ardèche. Près de deux ans pourraient être gagnés dans la mise en service d'un projet autorisé, grâce à la création d'un fonds de garantie publique.
© RAPHAËL HELLE - SIGNATURES

carbone ». Or, tout ce qui est « bas carbone » n'est pas nécessairement renouvelable… Pour rappel, la RIIPM autorise les porteurs d'un projet industriel ou d'aménagement à déroger aux règles de protection stricte des espèces protégées. Pour autant, ce n'est pas une autorisation de détruire, cela impose au contraire des obligations également strictes inscrites dans le code de l'environnement de *« maintien, dans un état de conservation favorable, des populations des espèces concernées dans leur aire de répartition naturelle »* (article L. 411-2). Enfin, et surtout, la création de zones d'accélération des énergies renouvelables, soumise à l'avis conforme des communes d'implantation (article 3). En positif, il y a l'idée que les collectivités locales qui le souhaitent puissent jouer un rôle beaucoup plus important dans la planification territoriale des ENR. Mais avec un risque, souligné aussi bien par les parlementaires Nupes que par les professionnels : renforcer le rôle des élus locaux ne saurait se traduire par une politique « à la carte » et aller à l'encontre de la réalisation des objectifs nationaux, eux-mêmes dérivés des objectifs européens.

A ces critiques, les élus LFI en ajoutent une autre, plus définitive : *« Cette loi est gravée dans le marbre néolibéral,* juge Aurélie Trouvé, députée de Seine-Saint-Denis. *C'est plus une loi pour accélérer le marché des énergies renouvelables que pour accélérer les énergies renouvelables elles-mêmes. »* Ces mots renvoient à un autre débat, non tranché, clivant, que la crise des prix de l'électricité a propulsé en avant des préoccupations : celui des rôles respectifs de l'Etat et des acteurs privés dans la sécurité énergétique.

DES PROFESSIONNELS PLUTÔT SATISFAITS

En attendant, les professionnels estiment que cette loi va dans le bon sens, même s'ils attirent notamment l'attention sur le fait que la définition de zones d'accélération des ENR ne doit pas servir de prétexte pour lever le pied ailleurs. Daniel Bour rappelle que cette loi est en soi un message politique fort, qui pèsera sur le vote de la future loi énergie-climat. De son côté, Michel Gioria, délégué général de France énergie éolienne, le syndicat des entreprises du secteur, pointe plusieurs avancées concrètes de la loi. Dont la création d'un fonds de garantie publique pour permettre de lancer sans attendre la construction d'un projet autorisé, mais non purgé des recours en justice des opposants, sachant qu'ils perdent les recours dans 90 % des cas. De quoi gagner près de deux ans. Ou encore une modulation du tarif de rachat de l'électricité de façon à pouvoir implanter des projets où les gisements sont moins importants, et donc permettre également leur meilleure répartition sur le territoire.

Certes, ces mesures ne vont pas avoir un effet immédiat. Mais d'ores et déjà, l'administration avance, se félicite Michel Gioria. Elle a mis en place un tableau de bord qui permet de suivre tous les projets, département par département. Et organise désormais une réunion mensuelle avec les représentants des filières et les gestionnaires de réseau pour passer tous les projets en revue, ce qui permet de débloquer des situations.

Sur fond de décrépitude du parc nucléaire et de guerre en Ukraine, l'urgence de faire sortir les projets est devenue telle que chaque pas en avant est peut-être bon à prendre, d'autant qu'il peut aider à allonger les suivants.

De qui sommes-nous les plus dépendants ?

Répartition des importations de pétrole et de gaz de l'Union européenne en 2021, en %

Source : Eurostat

Illustration : Géraldine Poles

EN SAVOIR PLUS

■ **« EU Imports of Energy Products. Recent Developments »**, Eurostat, avril 2022, cutt.ly/pKGOI9V

La guerre remet en cause la domination de la Russie sur le marché européen des hydrocarbures

La guerre en Ukraine est venue le rappeler brutalement : l'Union européenne est dépendante de plusieurs pays tiers pour son approvisionnement en énergies fossiles. Et d'abord de la Russie qui, en 2021, a fourni un quart des achats de pétrole de l'Union. Or, l'or noir représente à lui seul 61,8 % des importations énergétiques des Vingt-Sept. Le gaz ne pèse que pour 33 % dans ces importations, mais la Russie y détenait en 2021 une part de marché plus forte puisque l'Union a acquis auprès d'elle 39 % de ses achats extérieurs. Depuis le début de la guerre, les Européens sont parvenus à réduire leur dépendance au pays de Poutine. Ainsi, au 3e trimestre 2022, la Russie ne fournissait plus que 14,4 % du pétrole importé par l'Union. Une part qui devrait encore se réduire à la faveur de l'entrée de l'embargo des Vingt-Sept sur l'essentiel du brut russe en décembre dernier et sur les produits pétroliers en ce mois de février. Côté gaz, la baisse des achats auprès de la Russie est encore plus forte au 3e trimestre 2022 puisqu'ils ne représentaient plus que 15 % des approvisionnements de l'Union. Ce qui a profité à d'autres exportateurs comme la Norvège (30,8 %), les Etats-Unis (15,2 %) ou le Royaume-Uni (12,3 %).

■ Yann Mens

Découvrez le numéro 8 d'*Oblik*, la revue dessinée d'Alternatives Economiques, dont cette double page est un extrait. Avec un dossier spécial sur la crise énergétique : « Y aura-t-il du chauffage à Noël ? Et 50 autres questions sur notre addiction à l'énergie ». Vous y trouverez tous les chiffres pour comprendre ce débat crucial, mis en scène par une vingtaine de talentueux illustrateurs. En vente en librairie ou à commander sur notre site : alternatives-economiques.fr/oblik8

« LA TRANSITION CLIMATIQUE NE SE FERA PAS SANS MAJORITÉ SOCIALE ET POLITIQUE »

Le nom de Paul Magnette avait surgi en octobre 2016 dans le débat public français. Le ministre-président socialiste de la région Wallonie avait alors bloqué la ratification du traité de libre-échange entre l'Union européenne et le Canada (Ceta) pour obtenir des avancées alors que François Hollande avait renoncé. Désormais maire de la ville de Charleroi et président du Parti socialiste de Belgique, il vient de publier fin 2022 aux éditions La Découverte un essai intitulé *La vie large*, relecture des sources de la pensée socialiste et guide pratique de la social-démocratie autour de l'enjeu environnemental. Aux yeux de Paul Magnette, l'écosocialisme, qui se différencie de l'écologie politique par la centralité qu'il donne dans sa réflexion au mode de production capitaliste, permettra de renouer avec les ouvriers et les employés qui se détournent d'une gauche d'accompagnement du néolibéralisme.

Paul Magnette
Président du Parti socialiste de Belgique, maire de Charleroi

ENTRETIEN

Que signifie « la vie large », le titre de votre essai, pour un socialiste européen ? Quelle promesse peut-on faire à l'humanité pour répondre à l'angoisse climatique ?

« La vie large » est une référence à Jean Jaurès qui répliquait à ceux qui accusaient les socialistes de vouloir faire vivre tout le monde comme des pauvres. On fait aujourd'hui le procès à tous les défenseurs de la transition climatique de vouloir une nouvelle ascèse, faite uniquement de privations et de restrictions. Il nous faut au contraire convaincre qu'une société décarbonée sera en réalité plus agréable que la société actuelle pour une immense majorité de la population. Certes, les plus riches, à l'origine de la majorité des gaz à effet de serre, devront faire plus d'efforts que la moyenne, mais pour les autres, la vie sera plus riche, plus large, avec un meilleur accès à des logements mieux isolés, à une alimentation de qualité, à des transports en commun gratuits, à une nature régénérée en particulier dans les espaces urbains et périurbains…

Vous tentez un *aggiornamento* de la pensée socialiste intégrant complètement les questions environnementales, alors que les socialistes entendus au sens large, c'est-à-dire les sociaux-démocrates et les communistes, ont été au XXe siècle les meilleurs partisans du productivisme. Quel regard portez-vous sur ce passé ?

Je propose une autocritique croisée aux socialistes et aux écologistes. Reconnaissons que nous, socialistes et communistes, héritiers de la pensée de Marx et des penseurs du XIXe siècle, avons trop embrassé le modèle productiviste. La « vie large » ne l'était qu'au travers de la consommation. Nous avons laissé tomber d'autres idéaux qui étaient présents à l'origine du socialisme. Nous devons opérer un retour aux sources, au socialisme prémarxiste, préproductiviste, et même au jeune Marx ou plus tard à Engels qui avaient conscience de la nécessité de tenir compte des limites de la nature comme des limites physiologiques de l'être humain.

De même, les écologistes doivent se dire que s'ils n'intègrent pas la justice sociale au cœur de la question climatique, on n'y parviendra jamais, parce qu'une très grande partie de la population a soit l'impression qu'elle n'est pas concernée, soit qu'on va lui demander des sacrifices alors même qu'elle n'a pas encore accédé à un certain bien-être matériel. Cette prise de conscience est nécessaire. Il n'est pas possible de penser la transition sans y associer la notion de classes sociales. De manière symptomatique, le regretté Bruno Latour, qui longtemps avait laissé cette question sociale de côté, était en train de se la réapproprier dans ses derniers écrits.

Désigner le capitalisme comme le système à abattre, c'est en même temps vouloir définir un camp et l'autre. Que pensez-vous de la « classe écologique » que Bruno Latour appelait de ses vœux ? On a l'impression que pour vous, elle existe déjà, composée de toutes les catégories populaires, et des classes moyennes, opposées à « l'oligarchie » attachée à la conservation du système capitaliste...

Je suis frappé de voir combien les alliances électorales prennent de place dans le débat politique – et ce n'est pas moi, président de parti et élu, qui vais en démentir l'importance –, mais on oublie qu'une stratégie électorale n'est réalisable et puissante qu'à la condition d'être assise sur une majorité sociale. C'est la clé d'une transition sociale et climatique. Le mouvement ouvrier l'avait toujours compris : depuis avant Marx et jusqu'à la gauche plurielle, nous avions intégré qu'il fallait parvenir à créer des convergences entre le monde ouvrier, les divers milieux populaires et les combats de femmes, etc., pour réussir à l'emporter. Ce qui implique de définir un adversaire commun.

Quand François Hollande dit *« mon ennemi, c'est la finance »*, c'est peut-être un truc rhétorique de campagne électorale, mais il désigne un adversaire que tous les spectateurs du meeting du Bourget comprennent. Cela crée une forme de convergence. On peut certes regretter qu'il n'ait pas poursuivi cette promesse, mais reconnaissons que nous avons besoin de cet instant de cristallisation. Nous devons identifier tous les groupes sociaux qui auraient intérêt à la transition mais qui ne sont pas aujourd'hui alignés ou coordonnés. Le travail que menait Bruno Latour, et j'avais pu en discuter hélas trop brièvement avec lui, est donc intéressant.

« Il n'est pas possible de penser la transition sans y associer la notion de classes sociales »

Vous ciblez « l'oligarchie », ce qui fait penser à un tout petit groupe. Est-ce bien réaliste ? Les catégories sociales qui auraient avantage à la conservation le plus longtemps possible du système existant ne sont-elles pas bien plus nombreuses ?

L'oligarchie a une double responsabilité. D'abord, ce 1 % les plus riches de la planète émet 17 % des gaz à effet de serre. Une fois et demie de plus que les 50 % les plus pauvres de la planète. C'est un fait établi : ces hyperriches qui consomment des quantités phénoménales d'énergie et de matières premières ont une responsabilité directe. Nous ne réussirons pas à atteindre les objectifs de l'accord de Paris sans restreindre drastiquement leur consommation. Cela ne suffira pas, mais c'est indispensable. Ensuite, comme l'a démontré Thorstein Veblen, ce 1 % les plus riches définit le standard qui tire l'ensemble de la société. En conséquence, faute de s'attaquer à ce 1 %, l'ensemble de la société ne changera pas de modèle de consommation et de production.

Enfin, la troisième dimension est celle de l'équité. Vous ne pouvez pas demander des efforts aux classes moyennes si vous laissez cette oligarchie à l'abri de toute forme de contrainte. Les classes populaires, les 50 % les moins riches de la population, émettent moins de 6 tonnes de CO_2 par personne et par an, soit l'objectif que nous devrions atteindre en 2030, avant les 2 tonnes en 2050 pour obtenir la neutralité carbone. Nous devons dire à cette moitié de la population : vous, vous êtes en règle.

Vous êtes même en avance. Donc, on va vous accompagner pour réduire encore votre consommation d'énergie dans vos logements, vous donner accès à une alimentation de meilleure qualité, vous proposer des mobilités collectives. En revanche, il est vrai que les classes moyennes et les classes moyennes supérieures en particulier, les 10 % ou les 20 % les plus riches, vont devoir faire des efforts considérables.

Mais on ne peut pas leur intimer « vous prendrez moins l'avion » ou « consommez moins de viande » tout en laissant Bernard Arnault voler en jet privé un jour sur deux, ou d'autres faire des safaris de luxe en Afrique… Cela apparaît peut-être comme une hypersimplification, mais en politique, on a besoin de symboles.

Affirmons aujourd'hui que la société décarbonée est une perspective positive pour l'immense majorité de la population

Les catégories populaires, en France et ailleurs, n'adhèrent pas facilement aux objectifs de la transition et peuvent être séduites par le discours à la fois climatosceptique et xénophobe de l'extrême droite. Comment s'adresser aux ouvriers, un débat qui agite la gauche, comme dernièrement avec les prises de position de François Ruffin ?

Je comprends ce que dit François Ruffin, car en Wallonie, nous sommes juste de l'autre côté de la frontière, et vivons la même réalité sociologique. Sauf qu'ici on a encore un Parti socialiste à 25 % et un taux de syndicalisation à 70 %. Nous avons connu une autre forme d'accompagnement, une autre forme de gauche plus enracinée dans les territoires. Il faut donc se garder de l'image trop simplifiée selon laquelle la classe ouvrière vote massivement à droite. C'est en partie vrai en France, mais en Espagne, les ouvriers votent massivement à gauche. Dans les pays nordiques, la social-démocratie demeure le premier parti. C'est le cas en Belgique. En Allemagne, la social-démocratie gouverne. Aux Etats-Unis, une grande partie des cols bleus qui avaient voté Donald Trump en 2016 ont voté Joe Biden en 2020. La social-démocratie a de beaux restes dans nombre de pays, mais il y a un vrai problème en France et les Français devraient s'interroger sur leur singularité, plutôt que de faire comme si le monde entier les suivait !

Sur le fond, j'estime néanmoins que la bonne réponse est à trouver chez les démocrates américains d'inspiration socialiste, avec la garantie d'emploi. Le *green deal*, qui vient de la société civile, a l'honnêteté de reconnaître que la transition ne va pas seulement créer énormément d'emplois mais va aussi en détruire. Historiquement, le socialisme a combattu le fatalisme des classes ouvrières et populaires en peignant l'idéal d'une société d'émancipation. Affirmons aujourd'hui que la société décarbonée est une perspective positive pour l'immense majorité de la population.

Vous vous réclamez du « réformisme révolutionnaire ». Au-delà de la formule de Jaurès, en quoi consisterait-il ? Grignoter le capitalisme, l'encercler pour limiter son aire de jeu, jusqu'à ce qu'il ne pèse plus sur les choix de la société ? Croyez-vous qu'il se laisserait faire ?

Je me suis inspiré d'un sociologue marxiste décédé récemment, Erik Olin Wright, qui faisait l'analyse des différentes formes de lutte contre le capitalisme. Il n'y a pas beaucoup d'exemples réussis de tentative de renversement du jour au lendemain, et la dictature du prolétariat a mené à la mise en place de nouvelles oligarchies. Il existe à l'inverse des formes de résistance isolées, mais qui n'attaquent pas structurellement le capitalisme. Et puis il y a les tentatives d'encerclement, qui multiplient les formes de résistance et promeuvent l'encadrement du capitalisme dans la société, selon la pensée de Karl Polanyi. La social-démocratie nous apprend que toute une série de domaines doivent rester hors de la sphère du capitalisme : les services publics, l'économie non marchande, l'économie sociale et solidaire… Et là où le régime capitaliste demeure, il doit être fortement encadré par des règles, sur le temps de travail, les salaires, la santé, l'environnement… Il faut absolument reprendre la démocratisation de la sphère économique. Si j'ai deux reproches à faire à ma famille politique, c'est d'abord d'avoir trop épousé le productivisme et le consumérisme, d'avoir laissé filer sa contre-culture, et ensuite d'avoir renoncé à la démocratisation de l'économie en se contentant de la démocratie dans les urnes. Non, la démocratisation doit aussi avoir ses droits sur les lieux de travail !

Propos recueillis par Hervé Nathan

GRÂCE AU 1%
Tancrède a aidé Elena
à stopper 84 projets
menaçant l'écosystème marin.
Tancrède verse chaque année 1% de son chiffre d'affaires
à des associations agréées 1% for the Planet, dont Surfrider Foundation Europe.
onepercentfortheplanet.fr

Loi « antisquats » et criminalisation des mal-logés

Par Manuel Domergue
Directeur des études de la Fondation Abbé Pierre

Ce que l'on redoutait depuis longtemps est arrivé. De nombreux parlementaires, généralement proches de la droite la plus dure, multipliaient depuis des années les amendements « antisquats » sans grand succès. Mais ce 2 décembre 2022, une proposition de loi signée du député Renaissance Guillaume Kasbarian, portée par la majorité et soutenue par le gouvernement, a été adoptée à l'Assemblée nationale grâce au soutien des Républicains et du Rassemblement national.

Ce texte durcit de manière inédite la législation contre les « occupations illicites ». Présentée à l'origine comme une initiative pour venir en aide aux « petits propriétaires » qui auraient été « mis à la rue » par des squatters, la proposition de loi a été prise dans un engrenage répressif au fur et à mesure de son examen.

Tout d'abord, le texte prévoit de tripler les peines pour les squatters de domicile, jusqu'à trois ans de prison, et élargit la notion de « domicile » squatté à des logements totalement vacants, sans le moindre meuble, alors que cette notion se limitait jusqu'alors aux résidences principales, secondaires ou occasionnelles. Cette extension abusive risque de criminaliser davantage des occupations de propriétés vides, de fragiliser leurs occupants et d'autoriser les préfectures à les expulser sous quarante-huit heures sans passer par un juge. Or, on risque de priver ainsi de leurs droits à une défense des squatters parfois en grande détresse ou des habitants abusés par leur bailleur. Dans un avis d'une rare sévérité, Claire Hédon, la défenseure des droits, a d'ailleurs dénoncé le fait que *« les atteintes au droit au respect de la vie privée des occupants illicites ne sont ni proportionnées ni nécessaires à la préservation des droits des propriétaires »*.

Dans un tout autre registre, la proposition de loi s'en prend aussi aux locataires menacés d'expulsion de leur logement locatif après un impayé, un congé-vente ou un congé-reprise de la part de leur bailleur. Les délais entre le commandement de payer et l'assignation, puis entre l'assignation et l'audience en justice pour expulsion seraient réduits, alors qu'ils servent justement à éviter un procès en trouvant une solution amiable en amont. Pire, le juge n'aurait plus le droit d'examiner de lui-même la réalité de la dette de loyer. Le juge n'aurait plus non plus le droit de suspendre la résiliation du bail à l'audience en cas de respect d'un échéancier de paiement de la dette.

Toutes ces mesures risquent d'augmenter les expulsions locatives, alors que, aujourd'hui, 90 % des assignations en justice ne se traduisent pas par une expulsion avec le concours de la force publique. Ce ne sont donc plus 15 000 expulsions par an mais peut-être bien davantage que la police devrait mettre à exécution. Avec en prime, donc, un procès pour occupation sans droit ni titre pour les ménages expulsés. Où iront ces derniers, alors que le 115 est engorgé comme jamais ?

Comment en est-on arrivé à cette débâcle politique et morale ? Par une double supercherie. La première consiste à présenter, depuis des mois dans des médias peu scrupuleux, des affaires de « squat » uniquement à partir de la voix de « petits propriétaires » en détresse.

La seconde manipulation consiste à négliger totalement le point de vue des squatters diabolisés, voire déshumanisés. Si les protagonistes de ce triste débat parlementaire conviennent parfois, du bout des lèvres, qu'il existe bien une crise du logement à l'origine de ces situations conflictuelles, ils n'en tirent aucune conséquence. Et ces mêmes députés ont voté depuis 2017 les coupes dans les aides personnalisées au logement (APL) et sur le financement des HLM notamment.

Ce texte de loi s'inscrit dans un contexte délétère, qui voit le gouvernement multiplier les attaques, souvent en dehors du respect de l'Etat de droit, contre les plus pauvres et contre les exilés. Au final, cette proposition de loi ne cherche pas des solutions à des problèmes de bailleurs, rares mais réels, mais des boucs émissaires faciles parmi les plus vulnérables de nos concitoyens. Pour preuve, des solutions existent pour éviter la dégradation des rapports locatifs comme recourir à la garantie publique et gratuite contre les impayés Visale, ou encore confier sans risque son logement à des agences immobilières à vocation sociale via un conventionnement avec l'Agence nationale de l'habitat (Anah). Mais elles n'ont jamais été évoquées dans ce débat parlementaire qui marque une étape dans la criminalisation des mal-logés inédite depuis le délit de vagabondage, instauré en 1810 et aboli en 1992 seulement.

En Inde, le pari incertain des OGM

Par Bénédicte Manier
Journaliste

En Inde, le Comité d'évaluation du génie génétique (GEAC), un organisme du ministère de l'Environnement, vient de donner son feu vert à la production de semences d'une moutarde génétiquement modifiée, développée par un laboratoire de l'université de New Delhi. L'enjeu est important : la moutarde est une culture largement répandue dans la moitié nord du pays et elle fournit une huile de cuisson très utilisée par les ménages indiens.

OPINIONS

“En 2018, les fermiers indiens dépensaient en insecticides 37 % d’argent en plus par hectare qu’avant l’arrivée du coton OGM”

BÉNÉDICTE MANIER

Cette moutarde, appelée DMH-11, dont les essais ont montré un rendement supérieur de 28 % par rapport à deux variétés classiques, a pour objectif d’accroître les récoltes.

DMH-11 est le premier OGM destiné à l’alimentation humaine autorisé en Inde. Mais il est contesté depuis plusieurs années, ce qui avait d’ailleurs mené à un premier gel de la procédure d’autorisation en octobre 2017. Plusieurs syndicats agricoles y voient en effet une mainmise accrue de l’agro-industrie sur les petits fermiers. Quant aux écologistes, ils craignent une importante utilisation d’herbicides et un impact néfaste sur les abeilles.

Ce n’est pas la première controverse sur les OGM en Inde : en 2010, la tentative d’introduction d’un légume transgénique, une aubergine développée par la firme indo-américaine Mahyco Monsanto, avait échoué sous la pression de la société civile.

Une autre polémique avait accompagné l’autorisation en Inde, en 2002, de la première culture transgénique du pays, le coton Bt, qui possède un gène produisant une toxine (*bacillus thuringiensis*) censée lutter contre la noctuelle, un ravageur du coton. Vingt ans après, on peut dresser un premier bilan de la culture du coton Bt.

L’Inde est le premier producteur mondial de coton, une culture de rente pratiquée par près de six millions de fermiers, et le coton Bt représente 94 % du coton planté. Mais depuis son arrivée, celui-ci n’a apporté que de faibles bénéfices. En cinq ans, de 2000 à 2005, c’est-à-dire quand *« le coton Bt représentait moins de 6 % du coton »* en Inde, le rendement de cette culture s’était accru par hectare de 69 % dans le pays, rappelle le média de vérification FactChecker. Mais ensuite, quand le coton Bt a gagné jusqu’à 94 % des surfaces, les rendements n’ont augmenté que de 10 % en dix ans, de 2005 à 2015, relève le site, en citant le rapport d’une commission parlementaire.

Ce rapport note par ailleurs que l’expansion du coton Bt a coïncidé avec une hausse notable de l’irrigation et de l’utilisation d’intrants chimiques dans les champs de coton, car après quelques années, les fermiers ont constaté une résistance de la noctuelle au gène insecticide du coton Bt et l’apparition d’autres ravageurs.

Ces résistances des ravageurs expliquent qu’en 2018, les fermiers indiens dépensaient en insecticides 37 % d’argent en plus par hectare qu’avant l’arrivée du coton OGM, relève *Pesticide Atlas 2022*.

Et pas seulement en Inde. Partout, les cultures transgéniques destinées à la consommation humaine ou animale [1] ont conduit à une fuite en avant dans l’épandage de biocides, en polluant davantage les sols et l’eau. Pour le soja OGM, leur usage a ainsi doublé en dix ans en Argentine et triplé au Brésil. Il est donc temps de poser sérieusement la question de la pertinence de ces biotechnologies, eu égard à la santé et à l’environnement. ■

[1] En 2019, 70 % des produits destinés à l’alimentation animale importés dans l’Union européenne étaient issus de plantes génétiquement modifiées.

BNP Paribas condamnée sur l’égalité salariale femmes-hommes

Par Rachel Silvera
Maîtresse de conférences
à l’université Paris-Nanterre

Le 27 septembre 2022, une décision importante a été rendue par le tribunal judiciaire de Paris contre BNP Paribas pour ne pas avoir respecté l’égalité salariale entre les femmes et les hommes. L’entreprise avait jusqu’au 17 novembre pour la contester. Ce que la première banque française n’a pas fait… Elle doit donc changer son mode de calcul des écarts de rémunération femmes-hommes.

Jusqu’à présent en effet, elle ne prenait en compte que le salaire de base dans ses calculs d’écarts salariaux femmes-hommes, comme la très grande majorité des entreprises. BNP Paribas avait adopté dans son accord du 24 juillet 2020 sur la « diversité et l’inclusion » une méthode de calcul des écarts précise : il s’agissait de comparer par métier, niveau de classification et tranche d’âge, la rémunération des femmes au salaire médian des hommes.

> **“ C’est sur la part variable que les écarts entre les rémunérations des femmes et des hommes sont les plus élevés ”**

RACHEL SILVERA

Tout écart supérieur à 5 % fait l’objet d’une étude précise pour analyser et corriger la situation.

Seul le salaire de base était pris en compte… Or, la loi est claire : selon l’article 3221-3 du code du travail, la rémunération comprend, outre le salaire de base, *« tous les avantages et accessoires payés, directement ou indirectement, en espèce ou en nature »*. De même, les indicateurs définis par l’index égalité écartent du calcul les primes liées aux heures supplémentaires et à l’intéressement ou à la participation mais intègrent les autres primes qui définissent la part variable.

C’est la CFDT qui a porté cette affaire en justice. Pour défendre sa position, BNP Paribas met en avant *« le caractère discrétionnaire de la rémunération variable »*. Les arguments de la CFDT, que retiendra le tribunal, sont importants : tout d’abord, c’est sur la part variable que les écarts entre les rémunérations des femmes et des hommes sont les plus élevés. Par ailleurs, cette part doit reposer sur des objectifs précis à réaliser. Ce qui relativise grandement son caractère discrétionnaire. Cette décision est essentielle : dans le secteur bancaire, ces bonus vont jusqu’à doubler le salaire initial des membres de la direction (le comité exécutif) !

C’est un paradoxe bien connu lorsque l’on travaille sur ce sujet : les grandes entreprises, qui affichent de nombreux accords égalité professionnelle, un index égalité satisfaisant et même des enveloppes de rattrapage salarial, ne sont pas forcément les plus vertueuses, notamment en matière salariale. Au Royaume-Uni, en février 2022, BNP Paribas a également été condamnée à verser une indemnité record, 2 millions de livres (2,4 millions d’euros), à une ex-*trader* qui avait obtenu moitié moins de bonus qu’un collègue. Une nouvelle victoire pour les femmes. Ce jugement est désormais entre les mains de toutes les organisations syndicales qui peuvent s’en saisir pour négocier de vrais accords visant une égalité de rémunération effective entre les femmes et les hommes, et ce à tous les niveaux de l’entreprise. ■

A propos de la rémunération des médecins libéraux

Par Nicolas Da Silva
Chercheur au CEPN de l’université Sorbonne Paris Nord

Les médecins libéraux étaient en grève les 1er et 2 décembre derniers, puis, de nouveau, de fin décembre au 8 janvier. Parmi les revendications, celle qui a le plus retenu l’attention concerne l’augmentation du prix de la consultation de médecine générale au tarif opposable, soit le prix que le médecin s’engage à respecter et que l’Assurance maladie s’engage à rembourser à hauteur de 70 %. C’est ce que l’on appelle le prix de secteur 1, par opposition au secteur 2 dit « à dépassements d’honoraires ». La Confédération des syndicats médicaux français demande le passage de 25 euros à 30 euros du prix de la consultation quand le collectif Médecins pour demain réclame pas moins de 50 euros. Face à ces revendications, qualifiées de *« corporatistes »* par le Syndicat de la médecine générale, non gréviste, le débat s’est focalisé sur le niveau de rémunération des médecins, occultant d’autres justifications ayant conduit à

OPINIONS

la grève. Alors, combien gagnent les médecins libéraux ?

Christophe Dixte et Noémie Vergier, de la Direction de la recherche, des études et de l'évaluation des statistiques (Drees), ont publié récemment l'étude la plus pertinente permettant de connaître la rémunération des médecins libéraux. Les données sont exhaustives pour l'année 2017. Elles proviennent des bases de l'Assurance maladie, de la Direction générale des finances publiques et de la Caisse autonome de retraite des médecins de France. Toutes les charges d'exercice sont prises en compte : charges de personnel, loyer, repas, amortissement des biens mobiliers et immobiliers, déplacement, entretien, formation professionnelle, etc. Il faut noter également que les revenus d'exercice ne sont pas seulement les honoraires. La Caisse nationale d'assurance maladie a en effet multiplié le nombre de dispositifs incitatifs pour compléter le paiement à l'acte. C'est le cas par exemple de la rémunération sur objectifs de santé publique qui donne un supplément de revenu en fonction de la réalisation d'indicateurs. Les contrats et forfaits représentaient en 2021 en moyenne 17 % des dépenses de l'Assurance maladie à destination des médecins (contre 63,6 % pour les consultations).

Selon la Drees, les médecins libéraux gagnaient en 2017 en moyenne 119 800 euros par an toutes spécialités confondues, 91 670 euros pour les médecins omnipraticiens (principalement les médecins généralistes). En ne prenant en compte que leur revenu libéral, ils gagnaient en moyenne 110 680 euros par an, 87 890 euros pour les omnipraticiens. La médiane des revenus des médecins libéraux est de 97 860 euros, 83 100 euros pour les omnipraticiens. Des écarts de rémunération très importants existent entre spécialistes et omnipraticiens tout comme entre secteur 1 et secteur 2. Alors que les 10 % des omnipraticiens les mieux rémunérés perçoivent 152 420 euros et plus, les 10 % des spécialistes les plus rémunérés perçoivent 276 290 euros et plus.

Les données exhaustives de rémunération sont également disponibles pour 2014, ce qui permet d'en étudier l'évolution. Elles ont augmenté de 1,9 % par an en moyenne entre 2014 et 2017 en euros constants (c'est-à-dire une fois déduit l'effet de l'inflation). Les rémunérations des médecins spécialistes ont connu des augmentations plus fortes que les omnipraticiens (2,2 % en moyenne, contre 1,7 % en moyenne). Ces hausses s'expliquent par de nombreux dispositifs de revalorisation, comme le passage du tarif de la consultation de médecine générale de 23 euros à 25 euros en 2016.

Que représentent ces rémunérations par rapport au reste de la population ? En 2017, le revenu annuel médian en France métropolitaine était de 20 820 euros et 8,9 millions de personnes vivaient sous le seuil de pauvreté monétaire (12 492 euros par an pour une personne seule). De leur côté, les 10 % les plus riches percevaient 38 210 euros ou plus.

Il existe de nombreuses causes à la souffrance des médecins libéraux, généralistes en particulier. La rémunération paraît être une cause mineure face à la dégradation des conditions de travail. La désertification médicale (liée au *numerus clausus*, lui-même né à l'initiative de la frange la plus conservatrice des médecins), l'incitation à la productivité encouragée par le paiement à l'acte, l'absence d'organisation collective des soins primaires, le poids croissant des normes imposées par l'Assurance maladie, etc. semblent être des racines bien plus profondes du malaise actuel que le niveau des rémunérations. ■

Retrouvez les versions longues de ces textes et bien d'autres chroniques sur www.alternatives-economiques.fr/all/chronique

Le bilan économique de la colonisation

L'enquête statistique et économique de Denis Cogneau démontre que l'empire colonial n'a pas été un fardeau financier pour la France.

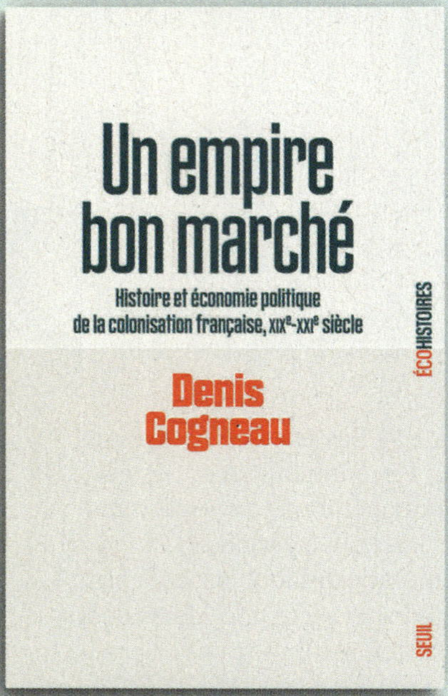

Un empire bon marché
Histoire et économie politique de la colonisation française, XIXe-XXIe siècle
par Denis Cogneau
Seuil, 2023, 510 p., 24,50 €.

Attention, voici un livre important qui va faire date dans l'étude de la colonisation française. L'économiste Denis Cogneau nous livre les résultats de quinze années d'une impressionnante enquête statistique et économique à la fois minutieuse et générale, qui place toujours l'économie dans son contexte politique et sociologique. Un livre passionnant et limpide d'histoire économique sur une période dont nous vivons encore les répercussions aujourd'hui.

REMISE EN CAUSE

En plus de la somme d'informations offertes, l'intérêt de l'ouvrage tient au fait qu'il remet complètement en cause le célèbre travail de Jacques Marseille paru il y a pratiquement quarante ans dans *Empire colonial et capitalisme français. Histoire d'un divorce* (Albin Michel, 1984). Là où Marseille décrit le fardeau financier que faisaient porter les colonies à la France avec des capitalistes cherchant à en sortir dès après la Seconde Guerre mondiale, Cogneau montre qu'ils sont restés accrochés jusqu'au bout à leur présence coloniale et, qu'au final, comme l'indique le titre du livre, l'empire s'est révélé bon marché pour l'Hexagone.

La colonisation a fait l'objet d'un consensus politique, droite et gauche confondues : il fallait gagner des territoires pour ne pas les laisser aux concurrents, c'était un moyen pour l'armée de redorer son blason après la défaite de 1870 et un parti colonial entretenait la motivation. On y retrouvait aussi bien les saint-simoniens (Michel Chevalier, Prosper Enfantin…) que le libéral Paul Leroy-Beaulieu, tandis qu'Auguste Comte ou Léon Walras s'y opposaient. A la fin du XIXe siècle et jusqu'en 1914, durant la première mondialisation, l'empire représente une faible part du commerce extérieur et des investissements à l'étranger de la France.

Une fois installée dans les pays, la France y a mis en place des Etats fondés sur un ordre policier et fiscal qui a permis de mobiliser des recettes budgétaires locales équivalentes aux dépenses civiles. Il y avait de la fraude fiscale mais pas tant que ça, pour la bonne raison que les riches colons étaient peu taxés. Les dépenses n'ont pas été d'une grande utilité pour les populations colonisées : les salaires très élevés des fonctionnaires français mangeaient une bonne partie des ressources, nourrissant au passage de fortes inégalités, et les dépenses d'investissement étaient orientées vers la satisfaction des besoins des firmes coloniales. Les dépenses de santé ou d'éducation sont restées faibles.

Etant donné que toutes les dépenses d'infrastructures et pour assurer l'ordre étaient payées par le public, même la perspective d'un petit profit suffisait à attirer les entreprises françaises, le capitalisme colonial était un capitalisme moyen, même si plusieurs personnes y ont acquis de grosses fortunes.

À MOINDRES FRAIS

Tout cela a-t-il coûté cher à la France ? De 1900 à 1945, le financement des dépenses civiles par la France est quasiment nul. Après 1945, il augmente, mais reste limité. En fait, le plus gros des dépenses était militaire et cela a pris de grandes proportions quand la France s'est accrochée à son empire, après la guerre. Sur l'ensemble de la colonisation, le coût a été d'un peu plus de 1 % du produit intérieur brut (PIB) en moyenne annuelle, la moitié provenant de l'Algérie. Très loin du drainage des ressources françaises décrit par Jacques Marseille. On trouvera bien d'autres éléments d'analyse dans ce livre appelé à devenir une référence.

■ Christian Chavagneux

LECTURES

LES NOUVEAUX PAUVRES
Inflation, vie chère, qui pour payer l'addition ?

par Ano Kuhanathan

Les éditions du Cerf, 2023, 160 p., 18 €.

Même quand l'inflation ralentit, cela ne signifie pas que les prix diminuent. Au contraire, la vie chère s'installe, explique l'économiste Ano Kuhanathan dans ce livre qui passe en revue toutes les questions posées par les évolutions de prix. Qui paye ? Est-ce qu'il y a vraiment un risque à augmenter les salaires autant que les prix ? *Spoiler*, non, et l'auteur explique en détail les raisons qui permettent de démystifier cette « boucle prix-salaires » mise en avant par les économistes libéraux pour justifier une modération salariale. Pourquoi les prix pourraient rester élevés plus longtemps que prévu ? Et quels sont les faux remèdes à éviter pour contenir la hausse des prix ? Le livre offre un tour d'horizon indispensable pour comprendre que l'inflation n'est pas qu'une notion technique, mais bouleverse les équilibres sociaux et politiques. Il y a différentes manières d'analyser l'épisode inflationniste, et d'y répondre, qui n'auront pas les mêmes conséquences sur la répartition de la valeur ajoutée notamment. L'ambition du livre est d'accompagner chaque lecteur, afin qu'il se pose les bonnes questions et se réapproprie ces débats essentiels. **Aude Martin**

L'HÔPITAL NOUS A SAUVÉS : SAUVONS-LE !
10 mesures pour sauver l'hôpital public

par André Grimaldi

Odile Jacob, 2022, 112 p., 11,90 €.

Spécialiste des maladies chroniques, le professeur André Grimaldi signe son troisième livre pour la défense du service public de la santé. Percutant et enlevé, le livre est organisé en deux temps : diagnostic et traitement. Côté diagnostic, l'hôpital public souffre de trois maux. Il y a les défaillances de la médecine de ville, qui prône la liberté d'installation et le paiement à l'acte et fait obstacle à la création d'un service public de la médecine de proximité. N'oublions pas les défauts de la réforme Debré de 1958 : tout en faisant entrer l'hôpital dans la modernité, elle a entériné sa coupure avec la médecine de ville, provoqué une surspécialisation des praticiens. *Exit* la prise en charge globale des patients. Enfin, troisième mal, une contrainte budgétaire et une assimilation à l'entreprise : la gouvernance par les nombres détruit les collectifs de travail et la relation au patient. La partie traitement – qu'on aurait souhaité plus fournie – promeut une approche territoriale et intégrée du système de santé, la participation des soignants et des usagers aux décisions ainsi que des réformes organisationnelles pour redonner aux étudiants l'envie d'aller à l'hôpital. Une lecture salutaire. **Céline Mouzon**

DE GUERRE EN GUERRE
De 1940 à l'Ukraine

par Edgar Morin

L'aube, 2023, 85 p., 14 €.

***« La guerre en Ukraine aggrave et aggravera toutes les énormes crises du siècle que subit l'humanité dont la crise écologique, la crise économique, la crise des civilisations, la crise de la pensée.** Grande est l'urgence de lui trouver une solution. »* Du haut de ses 102 ans, le grand penseur français suggère un plan de paix courageux qui s'appuie sur une mise en perspective du conflit. Celle-ci mobilise tout à la fois sa propre expérience de militaire durant la Seconde Guerre mondiale, une bonne connaissance des protagonistes, y compris par procuration comme les Etats-Unis, et les meilleurs outils de l'anthropologie, qui est sa grande spécialité. Pourquoi ces guerres à répétition à l'époque contemporaine ? Pourquoi leurs horreurs ? Quels en sont les mécanismes ? L'ouvrage concis s'avère lumineux et sera incontournable tant pour ceux qui se sentent perdus après plus d'un an de guerre que pour ceux qui pensent avoir tout compris. L'histoire dira si cette voix de la sagesse sera entendue. **Jean-Joseph Boillot**

LE TEMPS DES FÉMINISMES

par Michelle Perrot, avec Eduardo Castillo

Grasset, 2023, 201 p., 20 €.

« On oublie toujours que les femmes ont une histoire longue parce qu'on ne la raconte pas. » L'historienne Michelle Perrot fait partie de celles qui comblent ce manque. Elle témoigne ici de son parcours d'historienne, d'un côté, et féministe, de l'autre, l'histoire ne devant pas servir une cause. Réintroduire les femmes dans l'histoire, c'est d'abord une revendication de vérité, c'est faire aussi l'histoire du féminisme. C'est retrouver des témoignages de femmes, sur leur vie, leurs combats, anciens, contre la domination masculine, s'interroger sur le pourquoi de cette domination et sur les moyens de la contester, par l'action et la pensée. C'est mettre en avant les subversives qui franchissent les barrières et les légalistes qui actent les changements dans la loi. C'est dire que le féminisme est pluriel, entre les essentialistes (il y a une nature de femme) et les universalistes (féminité-prison). Pour Michelle Perrot, *« l'idée d'un monde mixte paritaire s'affirme »*, mais la vigilance s'impose. Un livre qui aide à réfléchir. **Ch. Ch.**

> **« Edgar Morin suggère un plan de paix courageux qui s'appuie sur une mise en perspective du conflit »**
>
> _ DE GUERRE EN GUERRE _

FIN DU MONDE ET PETITS FOURS
Les ultra-riches face à la crise climatique

par Edouard Morena
La Découverte, 2023, 168 p., 21 €.

Face au dérèglement climatique, les milliardaires ne se contentent pas de bâtir des *bunkers* ou de tenter de coloniser d'autres planètes. Certains s'emploient à peser sur le débat public en cherchant à faire prévaloir leur propre vision de la manière d'en sortir : le capitalisme vert, un *mix* fait de marchés carbone et de solutions technologiques qui ne remet surtout pas en cause leurs intérêts.
Pour ce faire, ils ne lésinent pas sur les moyens : grands forums, fondations philanthropiques, publications en tout genre, et même financement d'organisations du « mouvement climat » comme Extinction Rebellion. De vrais rois de la récupération, dont le politiste Edouard Morena nous narre la mobilisation à la fois discrète et très visible à partir de la COP15 de 2009, où l'on voit notamment que les cabinets de conseil, dont un certain McKinsey, jouent un rôle pivot. On sort de cette lecture convaincu que le débat sur l'interdiction des jets privés n'est pas si anodin qu'il n'y paraît… **Igor Martinache**

APRÈS L'ABOLITION
Les fantômes noirs de l'esclavage

par Kris Manjapra
Autrement, 2022, 333 p., 22,90 €.

Autant le dire tout de suite, on ne ressort pas indemne de ce livre. L'histoire connue est celle d'une traite esclavagiste progressivement contestée par une frange éclairée d'abolitionnistes dont le combat finira par mettre fin au commerce puis au droit de propriété de certains hommes sur d'autres. Oubliez cela.
La démonstration historique de Kris Manjapra établit comment les liens de servitude se sont perpétués longtemps après ces lois et comment le seul problème digne d'intérêt alors était de savoir à quelle hauteur indemniser les propriétaires d'esclaves. Les chapitres passent en revue le cas des Etats-Unis, dont le Nord aussi était esclavagiste, la France qui a fait payer très cher son indépendance à Haïti et le Royaume-Uni dont le dernier morceau de dette à l'égard des descendants des esclavagistes a été payé en 2015 !
On découvre les Harriet Wilson, Ottobah Cugoano, Samuel Sharpe et quelques autres, témoins et combattants oubliés et méconnus de la cause des Noirs. Une histoire qui devrait être enseignée partout. **Ch. Ch.**

> **“** Une enquête rondement menée qui pourra plaire autant aux amateurs de foot qu'aux férus de socio-économie **”**
> _ *LA VALEUR DU FOOTBALLEUR* _

LES ESCLAVES DE L'HOMME-PÉTROLE

par Sebastian Castelier et Quentin Müller
Marchialy, 2022, 272 p., 21,10 €.

L'ouvrage a beau être paru avant la Coupe du monde de football, il conserve toute son actualité : les « esclaves » sont tous ces travailleurs immigrés des pétromonarchies non seulement astreints à des conditions de travail indignes, mais encore victimes de ségrégations. Nos deux confrères ne se sont pas contentés d'aligner des chiffres. A leurs risques et périls – mais aussi de ceux qui ont accepté de témoigner –, ils sont allés à la rencontre de ces travailleurs dans leur « pays d'accueil » ou chez eux, quand ils ont pu y retourner, donnant ainsi à entendre la voix de Népalais, de Soudanais, d'Indiens, de Philippins. Ils ont aussi interrogé des diplomates (le plus souvent gênés aux entournures), des chercheurs, des entrepreneurs et même des Qataris.
On prend mieux la mesure de la complexité du problème, entre des pratiques qui puisent dans des racines anciennes (la traite négrière, la *kafala*) ; des pays d'émigration enclins à fermer les yeux sur le sort réservé à leurs ressortissants, dans l'espoir de bénéficier de retombées économiques via les transferts d'argent adressés aux proches ; des pays du Nord dépendants de l'or noir et donc enclins, eux, à préférer pointer le moindre progrès quand bien même il y a encore loin entre les réformes annoncées et leur mise en œuvre. **Sylvain Allemand**

LA VALEUR DU FOOTBALLEUR

par Manuel Schotté
CNRS éditions, 2022, 333 p., 24 €.

Pour se consoler d'avoir perdu la finale de la Coupe du monde de football, Kylian Mbappé peut toujours regarder le montant inscrit au bas de sa fiche de paie. Comme lui, une poignée de footballeurs touchent des rémunérations stratosphériques, mais pourquoi ? Jusqu'à présent, l'explication dominante était la fameuse loi du marché, renforcée ici par ce qu'il est convenu d'appeler l'« effet superstar ». Or, nous montre le sociologue Manuel Schotté, ici comme ailleurs, derrière la main invisible du marché se trouvent en réalité les nombreuses petites mains de différents agents sociaux qui ont contribué à donner à ce spectacle sportif sa place si particulière et les flux monétaires qui l'accompagnent. Dirigeants fédéraux, qui ont réussi à s'octroyer un monopole sur l'organisation des compétitions, présidents de club qui ont ainsi complété leur ascension sociale, médias qui ont construit un produit en or, et l'on en passe. L'auteur explore les différentes scènes où se sont construits progressivement ce marché et la distribution particulière des revenus en son sein, en montrant qu'il aurait pu à chaque étape en être autrement. Une enquête rondement menée qui rabat pas mal d'idées reçues et pourra plaire autant aux amateurs de foot qu'aux férus de socio-économie. **I. M.**

De l'étranger

La fin du dollar ?

Une monnaie connaît ces toutes dernières années une évolution fulgurante : le renminbi chinois. Ses transactions de change ont augmenté de 70 % entre 2019 et 2022 pour en faire la cinquième devise la plus échangée au monde. L'émission d'obligations en yuans, l'autre nom de la monnaie chinoise, à l'extérieur de la Chine, a considérablement progressé au cours des dix dernières années. Si le Royaume-Uni a été précurseur, la Mongolie, les Philippines, la Corée du Sud, mais aussi le Portugal, la Hongrie ou la Pologne ont suivi.

AVANCE CHINOISE DANS LE NUMÉRIQUE

La Chine a bâti un système facilitant les transactions internationales portant sur sa monnaie. La banque centrale est également très en avance dans le fonctionnement de sa monnaie numérique et développe même dès à présent le projet mBridge, destiné à faciliter les échanges internationaux entre monnaies numériques de banques centrales.

Cela conduit-il à un rôle accru du renminbi ? Pas forcément. Si le marché international de la devise chinoise progresse très vite, c'est qu'il part de très bas. Il représente l'équivalent de 3 % du produit intérieur brut (PIB) chinois, contre 6 % pour la devise émergente médiane et 30 % pour le dollar. Les experts de l'assureur Allianz se sont aussi penchés sur la question et ils soulignent que nombre de pays d'Asie, Inde en tête, ne souhaitent pas se mettre sous la dépendance monétaire de la Chine. Qui plus est, on parle ici d'une seule dimension de l'utilisation internationale d'une monnaie, sa place dans les réserves de change des banques centrales. Mais il y en a bien d'autres.

Dès les années 1970, le chercheur en économie politique internationale Benjamin J. Cohen a montré que l'internationalisation d'une devise passait par pas moins de six canaux différents. Côté public : la place dans les réserves de change, mais aussi le nombre de pays qui cherchent à limiter les fluctuations avec cette devise, et le choix d'en faire sa devise d'intervention sur le marché des changes. Et du côté des acteurs privés : s'en servir comme monnaie de facturation des échanges internationaux, comme moyen de paiement et comme monnaie dans laquelle on effectue ses placements.

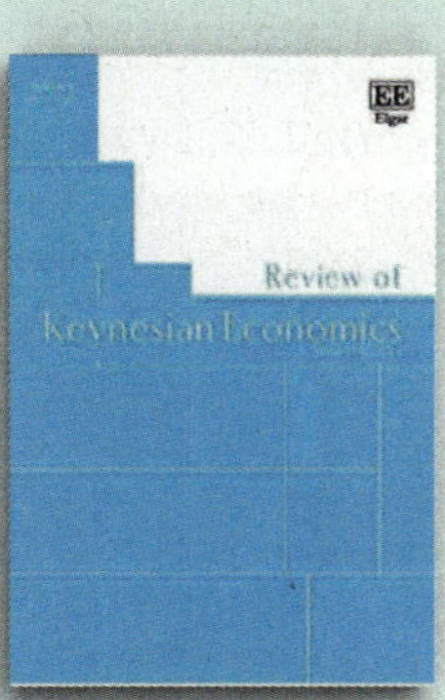

The International Currency System Revisited
par Tabitha M. Benney et Benjamin J. Cohen
Review of Keynesian Economics vol. 10, n° 4, octobre 2022.

LA DEVISE AMÉRICAINE EN TÊTE

Benjamin J. Cohen vient justement de collecter avec Tabitha M. Benney les données passant en revue ces six fonctions de la devise internationale. Leur conclusion, publiée dans le dernier numéro de la *Review of Keynesian Economics* qui consacre un dossier au sujet, est sans appel : *« Le plus évident est la prédominance maintenue du dollar qui continue à jouer un rôle largement supérieur dans toutes les catégories. »* Certes, depuis sa création, l'euro joue un rôle international bien supérieur aux autres devises. Mais il reste bien inférieur à celui du dollar. En outre, au cours des dix dernières années, l'écart entre la puissance internationale des deux monnaies a plutôt eu tendance à se creuser en faveur du dollar.

L'économie mondiale évoluerait-elle vers un système monétaire international multipolaire fait de plusieurs devises clés ? Le constat *« apparaît au mieux prématuré, au pire une énorme caricature »*, concluent Benney et Cohen. Dans ces rapports de force mondiaux, la devise chinoise reste marginale. On n'en a pas fini avec l'hégémonie du dollar.

Christian Chavagneux

UN MONDE SANS TRAVAIL
Comment les nouvelles technologies et l'intelligence artificielle reconfigurent le marché du travail
par Daniel Susskind
Flammarion, 2023, 428 p., 21,90 €.

L'intelligence artificielle va-t-elle provoquer une chute du nombre d'emplois disponibles ? Tous ceux qui ont annoncé des effets négatifs des nouvelles technologies sur l'emploi se sont trompés. Car si ces dernières se substituent au travail humain, elles en créent aussi : elles réclament de nouvelles fonctions, enrichissent les économies et les rendent plus productives, ce qui accroît les revenus, la demande et les emplois.
Oui, mais cette fois, c'est différent, prédit Daniel Susskind. L'intelligence artificielle et les robots s'emparent de tâches, routinières et non routinières, qu'elles soient manuelles, cognitives ou même affectives. Tous les emplois ne vont pas disparaître mais, à l'horizon de quelques décennies, il n'y en aura plus assez pour tout le monde. Sauf si le coût du travail est très bas ou s'il y a un refus culturel et réglementaire de ces évolutions. L'enrichissement provoquera une demande accrue de machines, pas de main-d'œuvre. La formation représente une solution très limitée, il faudra taxer plus ceux qui profitent de cette évolution, individus et entreprises, et diminuer le temps de travail. Un livre intéressant, pédago mais un peu trop long. **Ch. Ch.**

L'ÉTAT EN FRANCE
Entre déconstruction et réinvention
Jacques Chevallier
Coll. Le débat, Gallimard, 2022, 318 p., 12 €.

Le titre aurait pu être « Un Etat dans tous ses états ». Car, en France, l'Etat est né de l'agrégation de plusieurs conceptions, entre l'Etat souverain, l'Etat-nation, l'Etat libéral, l'Etat républicain… C'est ce que rappelle dans un premier temps ce spécialiste reconnu, pour mieux souligner ensuite comment cet héritage d'une histoire pluriséculaire, qui a fait l'exceptionnalité de l'Etat français et de ses services publics, a été déstabilisé dans le contexte de globalisation des années 1980-2000 par le *new public management* (NPM) et sa prétention à soumettre l'administration publique au modèle de l'entreprise et à sa logique de performance. On le savait, mais l'auteur décrit la déconstruction qui en a résulté en entrant dans le détail de ses origines législatives, réglementaires, juridiques, institutionnelles (la loi Lolf, la RGPP, la création d'agences soustraites à l'autorité de l'administration centrale). La « réinvention » annoncée en titre découle de la crise sanitaire qui a rappelé combien l'Etat-providence et la souveraineté étatique étaient tout sauf de vains mots. Mais jusqu'à quand ? Tout dépendra, conclut l'auteur, de la manière dont l'Etat fera face à bien d'autres défis : la poursuite de la mondialisation et de l'européisation, la (cyber) sécurité, le numérique, etc. **S. A.**

En vitrine

Découvrir Robert L. Heilbroner

Si vous êtes un jeune économiste, vous n'avez sûrement jamais entendu parler de Robert L. Heilbroner (1919-2005). Si vous êtes un peu plus ancien, vous connaissez son livre *Les grands économistes* paru pour la première fois en français au Seuil, en 1971. Un livre traduit dans plus de 20 langues et réédité sept fois jusqu'en 1999. Heilbroner y retrace de manière vivante, souvent drôle et pédagogique la vie et les principales idées des grands noms de la réflexion économique d'Adam Smith à Joseph A. Schumpeter. Le livre traîne dans votre bibliothèque, vous ne l'avez pas ouvert depuis longtemps et c'est tout ce que vous connaissez de l'auteur. D'où l'intérêt du petit ouvrage que vient de publier Cyrille Ferraton : nous faire découvrir un économiste prolixe et passionnant.

LE LEURRE DE L'OBJECTIVITÉ

Robert L. Heilbroner est né à New York. Famille aisée, bon lycée, études à Harvard dont il sort avec son master en 1940 après avoir eu notamment comme professeurs Alvin Hansen, John Kenneth Galbraith, Edward Chamberlain, Paul Sweezy et Joseph Schumpeter, excusez du peu ! Pendant la guerre, Galbraith l'embauche dans son administration de contrôle des prix. Puis il devient journaliste indépendant, il apprend à écrire, et cela se sentira dans ses livres d'économie. Il reprend des études à la New School for Social Research, un lieu pluridisciplinaire qui a accueilli des économistes européens ayant fui le nazisme. Il obtiendra son doctorat en 1963… dix ans après la publication de son livre sur les grands économistes, déjà un *best-seller*.

L'ouvrage éclipsera ses autres travaux pourtant originaux. Par la méthode déjà. Heilbroner ne croit pas à l'objectivité des économistes. Ils approchent leur sujet à partir de leur système de croyances et sont moralement engagés dans leurs recherches. Une évidence pour qui fréquente les travaux des économistes mais un anathème pour ceux qui dominent le champ et se réclament de la vérité scientifique. Le fait que le mot « capitalisme » disparaisse de la recherche est le signe pour Heilbroner de la non-reconnaissance de l'ancrage social et politique de l'économie, l'utilisation abusive de la formalisation masquant les relations sociales inégalitaires et les rapports de pouvoir.

« Qu'est-ce que l'économie ? » L'approche herméneutique de Robert L. Heilbroner
par Cyrille Ferraton
ENS Editions, 2022, 126 p., 20 €.

LE CAPITALISME À L'ÉTUDE

Il s'est beaucoup intéressé aux trajectoires du socialisme et du capitalisme. Il définit ce dernier à partir de trois éléments : une volonté d'accumulation, motivée par la quête de pouvoir et de prestige ; une coordination par le marché ; l'alliance de deux secteurs, le privé et le public, l'Etat jouant un rôle central dans le capitalisme qui n'est pas que le fruit de décisions privées.

Parce que l'avenir est incertain, il crée de l'anxiété. Les économistes doivent donc proposer des scénarios pour l'avenir. Les siens ne sont pas très optimistes. Il s'est intéressé très tôt aux questions environnementales. Dès 1969, il explique que l'expansion du capitalisme remet en cause l'équilibre écologique. Trente ans plus tard, il s'inquiète du réchauffement climatique et il prédit *« des menaces sérieuses pour la vie humaine dans le siècle à venir »*. Nous y sommes.

■ **Christian Chavagneux**

LECTURES

DÉMUNIS
Les travailleurs sociaux et la grande précarité
par Véronique Le Goaziou
Les Presses de Sciences Po, 2022, 200 p., 19 €.

L'adjectif qui donne son titre à cet ouvrage sert tout autant à qualifier les travailleurs sociaux que les publics auprès desquels ils interviennent. En effet, en dépit d'un savoir-faire et d'une abnégation certaine, les premiers n'en doivent pas moins composer avec un manque de ressources criant qui les limite fortement dans leur travail, réduit parfois à une dimension « palliative ». Tel est l'enseignement principal, mais non le seul, de cet ouvrage qui restitue deux années d'enquête auprès des éducateurs spécialisés d'une association des Bouches-du-Rhône et des populations qu'ils accompagnent.
Qu'il s'agisse des jeunes en errance dans la gare Saint-Charles de Marseille ou des habitants de squats et bidonvilles, notamment Roms pris à tort pour des nomades, l'autrice nous donne à voir comment se nouent des relations d'apprivoisement réciproque, où chaque côté doit apprendre à respecter les logiques de l'autre, mais où de petites évolutions se produisent néanmoins en dépit des manques récurrents.
Une description précieuse qui jette un regard fin sur ceux que l'on préfère ignorer, et ne cache pas non plus les limites et les contradictions de ceux qui les aident. **I. M.**

UNE JEUNESSE ENGAGÉE
par Martial Foucault et Anne Muxel
Les Presses de Sciences Po, 2022, 236 p., 17 €.

Installée au cœur du Quartier latin, à deux pas de l'Assemblée nationale et de nombreux ministères, Sciences Po Paris n'usurpe pas sa réputation d'école du pouvoir. Cela justifie d'autant plus de s'intéresser à ce que pensent ses quelque 12 000 étudiants du monde qui les entoure. Et comme on n'est jamais mieux servi que par soi-même, c'est ce que s'est employée à faire une équipe de chercheurs de l'école à travers un questionnaire en ligne d'une bonne demi-heure adressé à ces derniers en mai dernier. Les résultats sont présentés dans cet ouvrage, comparés à ceux d'une enquête similaire réalisée vingt ans plus tôt.
On découvre nombre d'informations intéressantes sur cette frange très favorisée de la jeunesse française, mais aussi internationale, qu'il s'agisse de son positionnement politique franchement à gauche, de son rapport à la démocratie et à la participation politique non conventionnelle, à l'information ou encore de sa vision de la société dans cinquante ans – pour le moins pessimiste, on vous prévient.
On espère que les velléités de changement ainsi exprimées se concrétiseront une fois que certains d'entre eux seront aux manettes. **I. M.**

L'ÉCONOMIE SOLIDAIRE EN MOUVEMENT
Josette Combes, Bruno Lasnier et Jean-Louis Laville (dir.)
Erès, 2022, 248 p., 23 €.

Crèches parentales, régies de quartier, commerce équitable, habitat participatif, monnaies locales… Autant d'initiatives qui participent de l'économie solidaire. Qu'elles aient émergé dans l'effervescence de Mai 68 ou en réponse au chômage de masse, elles manifestent des formes originales de solidarité en puisant dans les racines de l'associationnisme.
Ce faisant, elles témoignent aussi de la capacité de « dominés » à s'émanciper. L'intérêt des contributions réunies dans ce livre est de mettre en exergue d'autres caractéristiques de cette économie qu'on a parfois tendance à oublier : son ambition de faire vivre une démocratie participative, sa proximité avec le monde de la recherche (ce qu'illustrent des contributions dues à des universitaires), sa projection à l'international dans le souci d'un apprentissage réciproque entre des initiatives du Nord et du Sud. A l'heure des défis de l'Anthropocène, on peut cependant se demander ce que les militants de l'économie solidaire gagnent à cultiver leur différence avec l'économie sociale, à entretenir l'amalgame entre l'entrepreneuriat social et le *social business*. **S. A.**

LÉNINE EN SON TEMPS
Politique du moment opportun
par David Muhlman
PUF, 2022, 180 p., 18 €.

Un consultant de McKinsey, par ailleurs psychanalyste, qui tente de réhabiliter la pensée de Lénine ? Rien que l'incongruité apparente de ce « en même temps » mérite qu'on jette un œil à cet ouvrage. Et l'on ne sera pas déçu. Car il s'agit de la première synthèse, certes évidemment incomplète, disponible en français portant sur les *Œuvres complètes* de Lénine, qui comptent pas moins de 27 tomes. Mais c'est aussi et surtout une précieuse leçon politique que l'auteur retire des écrits du grand révolutionnaire russe à partir de son rapport au temps.
Loin du dogmatisme qu'on lui accole parfois, Lénine s'efforçait en effet de concilier en permanence la construction d'une doctrine communiste avec une attention fine au contexte socio-historique. Fil conducteur de cette lecture, le temps s'accélère ainsi par moments, et il s'agit de saisir les opportunités qui se présentent, sans pour autant se renier. Autrement dit agir dans le court terme sans perdre de vue la société que l'on cherche à construire. Ainsi, peu importe que l'on adhère à l'idéal communiste qui animait Lénine : sa leçon apparaît pour le moins pertinente en un temps où les uns semblent enfermés dans une idéologie déconnectée du réel, tandis que les autres brandissent un pragmatisme à très courte vue. **I. M.**

© HBO

SÉRIE

Vacances mortelles

La deuxième saison de la série *The White Lotus*, sur OCS, nous amène dans un hôtel de luxe en Sicile, avec un petit groupe d'ultrariches américains qui cèdent à tous les excès auxquels leur donne accès leur argent.

The White Lotus

Par Mike White, 2 saisons (13 épisodes), en ce moment sur OCS.

Une côte découpée plantée d'une végétation luxuriante et d'augustes façades couleur vieux rose s'étageant en terrasse au-dessus d'une mer turquoise : pour sa deuxième saison, la série *The White Lotus* a posé ses bagages à Taormine, le Saint-Tropez sicilien.

Le dispositif reste le même que dans la première saison, située à Hawaï : un petit groupe d'ultrariches américains débarque dans un hôtel de luxe d'une chaîne qui donne son nom à la série pour un séjour de vacances qui se terminera par la mort de certains protagonistes. L'identité des victimes et les raisons de leur décès restent inconnues jusqu'à la fin, fournissant la matière du suspense des épisodes. Du côté des personnages, le Cluedo de cette deuxième saison réunit deux couples de nouveaux riches de la Silicon Valley, un père, un fils et un grand-père en quête de leurs origines siciliennes, deux jeunes insulaires prêtes à se prostituer auprès de cette clientèle fortunée pour sortir de leur condition, la directrice de l'hôtel autoritaire et frustrée, mais aussi l'inénarrable Tanya, multimillionnaire dépressive au comportement infantile, déjà présente dans la première saison et escortée cette fois d'une assistante corvéable.

CLASSE DE LOISIR

Le passé millénaire de l'ancienne capitale de la Sicile byzantine, son théâtre antique et ses palais médiévaux ne sont là que pour fournir une toile de fond attrayante aux turpitudes de cette classe de loisir. Comme les Lotophages de l'Odyssée perdaient la mémoire en mangeant un fruit nommé lotos ou lotus, les clients du White Lotus, soudain désœuvrés, fuient leurs angoisses en libérant leurs pulsions : hyperconsommation, excès d'alcool et de drogues, quête de relations sexuelles, souvent tarifées. Car, à l'instar du pouvoir, la richesse absolue corrompt absolument. Elle fausse et pervertit tous les rapports sociaux, semble nous dire le réalisateur Mike White. Sous le regard impassible des portraits austères de religieuses et des têtes de Maures en céramique qui ornent hôtels et villas, la mécanique des désirs s'emballe, les faveurs se négocient, les situations dérapent, jusqu'à la catastrophe finale. Le sexe est ici la principale monnaie d'échange à disposition des moins aisés auprès des plus nantis, qui, malgré leur cynisme, peuvent céder à l'illusion qu'on les aime pour eux-mêmes et non pour leur argent.

MAÎTRE-VALET

Cette focale constitue l'intérêt et la limite de ce nouvel *opus*, par rapport à une première saison très *woke* qui s'intéressait beaucoup plus au personnel de l'hôtel, décortiquant l'enfermement des populations locales vivant du tourisme dans de délétères relations maître-valet et une identité folklorique. De quoi provoquer un malaise chez le téléspectateur et le faire réfléchir sur ses propres pratiques. Malgré un rythme plus lent, la série continue cependant de séduire par une narration très bien maîtrisée, instillant la tension, et une finesse psychologique qui restitue la plupart du temps une part d'humanité aux personnages, même les moins aimables.

L'arrivée à terme des contrats de diffusion conclus entre la chaîne française OCS et l'américaine HBO a amené le retrait d'une soixantaine de séries du catalogue d'OCS fin 2022, dans l'attente du lancement du service de *streaming* HBO Max en France, reporté à 2024. Néanmoins, les séries de moins de deux ans, dont *The White Lotus*, restent accessibles pour l'instant au public français. L'occasion, pour celles et ceux qui avaient loupé sa première saison, de s'offrir une session de rattrapage avec l'une des meilleures séries du moment sur les rapports de classe, saisis à travers le prisme du tourisme à l'heure du capitalisme mondialisé.

■ **Marc Chevallier**

CINÉMA

Coup de poudre

Chevalier noir

Par Emad Aleebrahim Dehkordi, en salles le 22 février.

En dépit de son titre français, *Chevalier noir* n'a rien à voir avec Batman, si ce n'est la sonorité du prénom de son principal protagoniste, Iman. Avec son père et son frère cadet, celui-ci habite l'un des quartiers les plus cotés de Téhéran. Mais leur maison tombe petit à petit en ruines, à l'instar de leur famille depuis la disparition récente de la mère. Tandis que le veuf se laisse dériver, ses deux fils prennent des chemins opposés. Capitalisant sur ses relations parmi la jeunesse dorée de Téhéran, Iman se lance dans le *deal* de cocaïne, non sans consommer lui-même, tandis que le dévoué Payar se consacre à la boxe thaï et à faire timidement la cour à sa voisine Hanna, fraîchement rentrée de Paris flanquée d'un garçonnet. Un tel synopsis pourrait laisser augurer un énième film moralisateur sur les dangers, bien réels, de l'usage et du trafic de drogue, mais tel n'est pas l'objet principal du premier long-métrage du prometteur Emad Aleebrahim Dehkordi.

S'il offre un intéressant contrepoint à l'excellent *La loi de Téhéran*, celui-ci traite en fait davantage du vécu des jeunes de la classe moyenne citadine iranienne se (dé)battant avec un carcan socio-économique qui se resserre. Cette jeunesse qui étouffe s'incarne tout particulièrement dans le personnage d'Haidek, artiste et seul véritable ami d'Iman, obligé de vendre sa maison et son jardin dont les arbres vont être abattus pour laisser place à un « cimetière vertical ». Et tandis que lui sombre petit à petit dans la toxicomanie, les riches clients d'Iman peuvent s'en tenir à un usage récréatif au cours de fêtes endiablées sans avoir à craindre, eux, les foudres de la police. Récompensé par l'Etoile d'or du Festival de Marrakech, *Chevalier noir* est un film poignant qui n'est pas sans résonner avec les mobilisations actuelles en Iran – que le réalisateur a courageusement soutenues en public. De manière plus universelle, il rend aussi palpable subtilement la violence de classe. Reste à Iman et Payar une solidarité indéfectible qui rappelle que la fraternité n'est pas un vain mot. Surtout sous un régime autoritaire à bout de souffle.

■ **Igor Martinache**

© JOUR2FÊTE

BD

Mediator

Mediator, un crime chimiquement pur

Par Irène Frachon, Eric Giacometti et François Duprat, Delcourt, 2023, 186 p., 23,95 €.

Vous connaissez sans doute le Mediator. Ce médicament commercialisé par le laboratoire Servier comme antidiabétique entre 1976 et 2009 mais prescrit massivement comme « coupe-faim », en majorité à des femmes désireuses de perdre quelques kilos, s'est révélé être à l'origine de troubles cardiaques graves et responsable d'entre 1 300 et 2 200 morts.

L'Isoméride, vendu par le même laboratoire comme « coupe-faim », est moins connu. Il annonçait pourtant le scandale du Mediator, rappellent les deux auteurs, Irène Frachon, lanceuse d'alerte sur le Mediator, et Eric Giacometti, qui a travaillé sur l'Isoméride comme journaliste d'investigation au *Parisien* à la fin des années 1990. Le lien entre les deux produits ? Une « amphétamine tueuse », la norfenfluramine, camouflée dans le Mediator malgré les alertes déjà formulées sur cette molécule lors des enquêtes sur l'Isoméride.

Ce roman graphique, dont la sortie est concomitante avec l'ouverture du procès en appel contre le laboratoire Servier (le premier procès pénal date de 2019), retrace le fil de l'enquête. Il fait toute la lumière sur les pratiques frauduleuses du laboratoire Servier ainsi que, plus largement, sur les conflits d'intérêts entre médecins et laboratoires, et l'impunité dont jouissent ces derniers. Un récit révoltant, mais extrêmement utile.

■ **Aude Martin**

André Gorz, écologiste avant l'heure

Journaliste et théoricien de l'évolution du capitalisme, André Gorz fut, au contact d'autres penseurs comme Herbert Marcuse et Ivan Illich, un fondateur majeur de l'écologie politique.

Par Christophe Fourel

Né il y a cent ans à Vienne, Gerhart Hirsch (9 février 1923-22 septembre 2007) signait ses articles de presse Michel Bosquet et ses écrits philosophiques et politiques André Gorz. Pseudonyme sous lequel sa dénonciation du capitalisme, marquée d'abord au coin du marxisme, a évolué dès les années 1970 vers des convictions antiproductivistes et antiutilitaristes fondatrices de l'écologie politique.

Après un essai d'auto-analyse existentielle intitulé *Le traître,* publié en 1958 et préfacé de façon élogieuse par Jean-Paul Sartre, Gorz fait paraître en 1959 *La morale de l'histoire*. Il vient alors, comme il le dit lui-même, *« de traverser les œuvres de Marx »*. Il développe une critique du marxisme en cherchant à répondre à la question suivante : comment une classe (le prolétariat) peut-elle être destinée à se libérer elle-même et, se faisant, à émanciper toutes les sphères de la société ?

PROSPÉRITÉ ALIÉNANTE

Stratégie ouvrière et néocapitalisme, paru en 1964, le conduit ensuite à s'adresser de plus en plus aux mouvements syndicaux. Il poursuit l'élaboration d'un « réformisme radical » en cherchant à théoriser les « réformes révolutionnaires » dans *Le socialisme difficile*, en 1967, puis en 1969 dans *Réforme et révolution*. Il contribue aussi dans cette période à faire publier dans *Les temps modernes*, dont il a pris la direction politique, les textes emblématiques des marxistes critiques italiens de *Lotta Continua* et d'*Il Manifesto*.

> Pour Gorz, c'est en partant de la critique du capitalisme qu'on arrive immanquablement à l'écologie politique

Concomitamment, une nouvelle phase de la réflexion théorique d'André Gorz s'est ouverte au début des années 1970. Elle est le fruit de plusieurs rencontres importantes.

D'abord, celle d'Herbert Marcuse, avec lequel il mènera le combat intellectuel pour faire émerger la Nouvelle Gauche hostile au marxisme-léninisme. C'est au contact de Marcuse que Gorz finira par se détacher d'un certain « ouvriérisme ». Dans la société d'abondance qui s'est peu à peu mise en place dans les années 1960, ce n'est plus la condition prolétaire (de fait, moins prégnante) mais la prospérité aliénante auquel le sujet révolutionnaire doit désormais faire face [1].

Puis, en 1973, survient sa rencontre avec Ivan Illich. Né également à Vienne, ce dernier va avoir une influence grandissante sur la pensée de Gorz, lui permettant d'affûter sa critique de l'industrialisme dont la gauche continue de vanter les mérites. Notamment à partir des concepts de « contre-productivité » et de « monopole radical ».

Dès lors, Gorz va plus que jamais placer au cœur de sa réflexion théorique la question de l'autonomie de l'individu, condition indépassable d'une véritable transformation

[1] Voir à ce sujet *« Ecologie et révolution », pacifier l'existence. André Gorz/Herbert Marcuse : un dialogue critique*, par Christophe Fourel et Clara Ruault, Les petits matins, 2022.

André Gorz en 1993. C'est par la critique du modèle de consommation opulent qui caractérise les sociétés contemporaines qu'il est devenu très tôt écologiste.
© MARC CHAUMEIL - DIVERGENCE

1923
Naissance à Vienne (Autriche) le 9 février de Gerhart Hirsch (devenu Horst en 1930).

1954
Obtient la nationalité française. Son nom d'état civil devient Gérard Horst.

1958
Il fait paraître *Le traître* (Seuil) sous le pseudonyme d'André Gorz.

1964
Quitte *L'Express* et rejoint Jean Daniel pour fonder *Le Nouvel Observateur*. Parution de *Stratégie ouvrière et néocapitalisme* (Seuil).

de la société elle-même. Illich lui fournit les éléments pour écrire le recueil *Ecologie et politique* (Galilée, 1975), puis l'essai *Ecologie et liberté* (Galilée, 1977), textes fondamentaux de l'écologie politique contemporaine, qu'il signera de ses deux pseudonymes : Michel Bosquet et André Gorz.

Désormais, le journaliste et le théoricien ne font plus qu'un aux yeux du grand public. Il participe à la fondation de la section française des Amis de la Terre en 1971. Ses textes tentent alors un rapprochement entre ses analyses critiques du marxisme et l'écologie.

Dorine et André Gorz dans leur maison à Vosnon en 1985. A partir de 1983, Gorz se retire de la vie publique et s'installe dans ce village de l'Aube pour se consacrer à sa compagne de toujours, atteinte d'une maladie évolutive. Il y écrira près du tiers de son œuvre.
© CÉDRIC PHILIBERT

Ainsi, c'est par la critique du modèle de consommation opulent qui caractérise les sociétés contemporaines que Gorz est devenu *« écologiste avant la lettre »*, comme il l'affirmait lui-même. Il considère que ce n'est pas l'impératif écologique qui conduit à l'écologie politique. Car, écrit-il dans *Ecologica* (Galilée, 2008), *« cet impératif peut nous conduire aussi bien à un anticapitalisme radical qu'à un pétainisme vert »*. Pour lui, c'est en partant de la critique du capitalisme qu'on arrive immanquablement à l'écologie politique *« qui, avec son indispensable critique des besoins, conduit en retour à approfondir et radicaliser encore la critique du capitalisme »* (*Ecologica*, page 15).

SORTIR DE LA RELIGION DU PROLÉTARIAT

En 1980, il fait paraître un de ses livres les plus connus du grand public : *Adieux au prolétariat* (Galilée, 1980). Sous-titré *Au-delà du socialisme*, l'ouvrage suscite de très vifs débats au sein de la gauche et du monde syndical. Gorz pense d'abord que le mouvement ouvrier n'est plus le lieu où s'élabore une pensée post-capitaliste. La gauche s'est enfermée dans une véritable religion du prolétariat dont il pense qu'il est urgent de sortir. Selon lui, il est vain d'affirmer que le prolétariat porte le sens de l'histoire si l'on ne démontre pas en même temps que ce sens est le bon.

En 1983, Gorz se retire de la vie publique. Il a quitté la rédaction des *Temps modernes* et Michel Bosquet a pris sa retraite du *Nouvel Observateur*. Il décide de ne plus se consacrer qu'à sa compagne de toujours, atteinte d'une maladie évolutive, tout en poursuivant ses réflexions théoriques. Il écrira d'ailleurs, dans ce nouveau contexte, près du tiers de son œuvre.

Sa critique du système de production et de consommation le conduit à celle du travail. Or, il observe une déconnexion de plus en plus grande entre les capacités des travailleurs et l'intérêt des emplois auxquels ils sont astreints. Cette situation conduit à la remise en question du système de production et de ses valeurs. Il perçoit ici l'émergence de ce qu'il appelle la *« non-classe des non-travailleurs »*. A ses yeux, ce ne sont pas des exclus du travail mais plutôt tous ceux qui ne peuvent plus s'identifier à leur travail salarié et qui réclament non pas un « emploi meilleur » mais une vie où les activités autodéterminées l'emportent sur le travail imposé. On peut y voir ici l'incroyable anticipation de Gorz de ce que nous observons aujourd'hui sous les appellations de la « grande démission » et du *« quiet quitting »*.

QUÊTE DE SENS

Il prolonge sa réflexion sur ce que pourrait être le socialisme dans *Les chemins du paradis* (Galilée, 1983). La thèse centrale de ce nouvel ouvrage tient dans la proposition

1975 Parution d'*Ecologie et politique* (Galilée).

1980 Parution d'*Adieux au prolétariat* (Galilée).

1988 Parution de *Métamorphoses du travail* (Galilée).

2006 Parution de *Lettre à D. Histoire d'un amour* (Galilée), où il dit toute sa reconnaissance à Dorine, sa femme depuis près de soixante ans.

2007 Suicide de Dorine et de Gérard Horst le 22 septembre.

> **A la société salariale doit succéder *« une société de multi-activités ; où produire n'est pas le but dominant et où la discontinuité du travail n'entraîne ni précarité ni insécurité »***

de créer ce qu'il appelle un « revenu social ». Le droit au revenu et son montant doivent être dissociés de l'évolution de la durée du travail exigé de chacun. La mutation technologique en cours permet, selon lui, cette évolution. Mais il ajoute que cette mutation n'est pas *« souhaitable et libératrice en elle-même »*. Elle contient une potentialité libératrice *« qui ne s'actualisera que si on est décidé à en tirer parti »*. Pour Gorz, la garantie d'un revenu social en est l'un des moyens. Cette proposition vise à redonner à nos sociétés industrielles une boussole, une vision de l'avenir qu'elles ont perdue.

Quête du sens sera d'ailleurs le sous-titre de son ouvrage suivant, *Métamorphoses du travail*, paru en 1988. Il distingue les activités dont la rémunération confirme le sens et celles dont elle détruit le sens. Le fait d'acheter plutôt que de produire soi-même ne doit avoir qu'une seule justification : celle du temps gagné. Or, le développement des services, notamment des services à la personne, fait qu'une part croissante de l'échange marchand consiste à acheter les services à autrui en vue de lui faire faire, moyennant finances, ce que l'on n'a pas envie de faire soi-même.

Cette logique recrée ainsi ce qu'il appelle des *« emplois de serviteurs »*. Pour Gorz, le développement de ce type d'emplois n'est porteur d'aucun sens, puisqu'il ne se traduit par aucun gain d'efficacité. De surcroît, pour que cette logique puisse fonctionner, il est nécessaire que les inégalités s'accroissent de sorte que les catégories les plus aisées aient les moyens de s'offrir les services d'autres catégories sociales fragilisées et précarisées.

REVENU D'EXISTENCE

En 1997, il franchit sur cette question un pas supplémentaire. Dans *Misères du présent, richesse du possible*, il défend l'instauration de ce qu'il appelle désormais un *« revenu d'existence »*, c'est-à-dire un revenu suffisant, garanti à chacun inconditionnellement. *« Persister à ne vouloir rémunérer les gens que pour leur temps de travail immédiat est une absurdité »* [2]. A la société salariale doit donc succéder *« une société de multi-activités ; où produire n'est pas le but dominant et où la discontinuité du travail n'entraîne ni précarité ni insécurité »*.

L'instauration d'un revenu d'existence suffisant est le meilleur moyen, pour Gorz, de donner naissance à cette société post-salariale. Thèse sur laquelle il revient en 2003 dans son dernier essai théorique paru de son vivant : *L'immatériel*. Mais Gorz ajoute en guise d'avertissement, dans *Ecologica*, recueil paru début 2008 quelques mois seulement après son suicide : *« Je ne pense pas que le revenu d'existence puisse être introduit graduellement et pacifiquement par une réforme décidée d'en haut. »*

Alors qu'il s'est rapproché du courant des théoriciens de la « critique de la valeur », Gorz met un point final à son œuvre théorique avec cette affirmation aux allures testamentaires : *« La question de la sortie du capitalisme n'a jamais été plus actuelle. Elle se pose en des termes et avec une urgence d'une radicale nouveauté. Par son développement même, le capitalisme a atteint une limite tant interne qu'externe qu'il est incapable de dépasser et qui en fait un système mort-vivant qui se survit en masquant par des subterfuges la crise de ses catégories fondamentales : le travail, la valeur, le capital. »*

Et d'en conclure, dans cet ultime texte publié par la revue *EcoRev* (reproduit dans *Ecologica*) : *« La sortie du capitalisme aura donc lieu d'une façon ou d'une autre, civilisée ou barbare. La question porte seulement sur la forme que celle-ci prendra et la cadence à laquelle elle va s'opérer. »*

Le 22 septembre 2007, Gérard Horst et sa compagne Dorine se suicident ensemble après soixante ans de vie commune. Un geste d'ultime liberté.

[2] Entretien avec André Gorz : « Le travail perd de sa centralité dans la vie des gens », *Alternatives Economiques* n° 157, mars 1998.

+ VERBATIM

« L'ambiguïté de l'impératif écologique vient de là : à partir du moment où il est pris à leur compte par les appareils du pouvoir, il sert à renforcer leur domination sur la vie quotidienne et le milieu social, et entre en conflit avec les aspirations originaires du mouvement écologique lui-même en tant que mouvement politico-culturel. Le clivage interne de ce mouvement entre une aile technocratique et une aile radicale-démocratique a là sa raison profonde. »

Dans « L'écologie politique entre expertocratie et autolimitation », *Actuel Marx* n° 12, PUF, 1992.

UN FEUILLETON DE CLÉMENTINE MÉLOIS

UN SENS À LA VIE

Reconversion

J'ai une grande nouvelle à vous annoncer.
J'ai pris la décision de fermer la chambre d'hôtes et d'arrêter de faire du fromage de chèvre.
Mais enfin, mon grand, qu'est-ce que c'est que ces sornettes ?
La crise du Covid m'a fait beaucoup réfléchir, papa.
J'ai besoin de donner un sens à ma vie, de m'épanouir dans une activité porteuse de vraies valeurs.
C'est pourquoi j'ai décidé de devenir key account manager dans un espace de coworking innovant.
Je commence lundi en huit.
Oh, nom d'un chien, le coup dur !
Je n'ai pas les mots pour dire l'intensité de mon accablement.
On était si fiers de lui...
FIN

Clap de fin pour la Ma
et de la culture de Br

A Briançon, l'aventure de la MJC-Centre social s'est terminée début janvier. Face à un acteur associatif jugé trop autonome, l'intercommunalité a repris la main. Une illustration des tensions entre collectivités publiques et associations.

C'est fini, et c'est, de l'aveu des premiers concernés, *« un immense gâchis »*. A Briançon, dans les Hautes-Alpes, la Maison des jeunes et de la culture (MJC) va disparaître après cinquante-sept ans d'existence. Le centre social et le cinéma qu'elle gérait depuis la fin des années 1990 ont été repris en gestion directe par l'intercommunalité début janvier. Privée de recettes, la MJC va être placée en liquidation judiciaire. Une page se tourne dans ce bâtiment près de la gare, avec son escalier en colimaçon et ses murs colorés, qui a vu au fil des années passer d'innombrables bénévoles, accueilli des cours de yoga, de l'accompagnement scolaire, des réunions d'associations, un service d'aide juridique aux immigrés, des échanges franco-italiens, organisé des centres de loisirs estivaux, initié un festival de cinéma... Un lieu qui a été une véritable pépinière, où sont nées des structures qui ont ensuite pris leur envol, comme un festival de musiques actuelles, une entreprise d'insertion, etc. *« C'était une MJC emblématique des valeurs et des méthodes pédagogiques des MJC, qui consistent à réunir les habitants d'un territoire pour prendre une place dans la cité »*, souligne Marlène Perraud, déléguée régionale Paca de la Confédération des MJC de France (CMJCF). Que s'est-il passé ?

« Il y a eu par le passé des moments de fortes tensions avec la collectivité, mais nous pouvions discuter. Aujourd'hui, nous dérangeons »

LUC MARCHELLO, directeur de la MJC-Centre social du Briançonnais

ÉDUCATION POPULAIRE

Les MJC sont nées après-guerre de la République des jeunes, un mouvement de jeunesse créé en 1946 dans le sillage du Conseil national de la Résistance, autour de l'idée qu'il ne peut y avoir d'émancipation citoyenne sans un accès à la culture pour tous [1]. Associations d'éducation populaire, les MJC revendiquent une approche ascendante qui part des besoins des habitants du territoire. Dans la pratique, ce n'est pas toujours dénué de paternalisme.

Celle de Briançon est créée à la fin des années 1960, à une époque où s'ouvrait une MJC par jour. Dans les années 1980, les politiques d'animation jeunesse et culture se développent, portées par les collectivités locales. D'autres associations apparaissent. Les MJC n'ont plus le monopole de l'offre de loisirs culturels sur un territoire. Tel un caméléon, la MJC de Briançon se réinvente. Elle reprend dans les années 1990 la gestion du centre social et, dans le cadre d'une délégation de service public, le cinéma de la ville. *« Sans la reprise du centre social, nous aurions disparu plus tôt »*, souligne Luc Marchello, son directeur pendant près de quarante ans. L'agrément « centre social » de la CAF signe en effet la reconnaissance d'un projet social et assure des financements.

Un tel projet d'éducation populaire ne peut toutefois subsister sans l'appui de la collectivité publique. Cet appui, la MJC-Centre social du Briançonnais ne l'a plus depuis l'élection du nouveau maire et président de la communauté de communes, Arnaud Murgia (LR), en 2020. *« Il y a eu par le passé des moments de fortes tensions avec la collectivité, mais nous pouvions discuter. Aujourd'hui, nous dérangeons »*, poursuit Luc Marchello. Parmi les actions qui ont déplu, l'engagement de l'association sur les questions migratoires. De fait, le nouveau maire a aussi mis fin à l'accueil des exilés dans un bâtiment de l'intercommunalité, l'ancien refuge des CRS de

on des jeunes ançon

montagne [2]. Sollicitée dans le cadre de cet article, l'intercommunalité n'a pas répondu à nos questions.

« BEAUCOUP DE MÉPRIS »

En mars 2021, la collectivité ampute de 70 000 euros sa subvention de 250 000 euros à la MJC, renouvelée chaque année dans le cadre d'une convention pluriannuelle. *« Le plus dur a été de passer l'année sans aucun contact officiel avec les élus. Nous étions dans le flou total,* se remémore Daniel Gilbert, le président de la MJC. *La reprise en main a été très verticale. Ce qui nous navre le plus n'est pas de disparaître, mais de n'avoir jamais pu discuter avec l'intercommunalité de ce qui était bon pour le territoire. »* Fin décembre, les associations adhérentes n'avaient encore que très peu d'informations sur la suite.

Certes, l'association était fragilisée. En 2018, la suppression d'une subvention étatique la prive de 150 000 euros. Des discussions ont lieu, la subvention est rétablie, et un plan de redressement sur dix ans est mis en place, que la MJC honorait. Survient ensuite le Covid, qui ralentit son activité. *« Il y avait sûrement des choses à revoir,* relève Francine Daerden, élue sur la liste d'opposition. *Par exemple, pour bénéficier des activités, il fallait adhérer. Cela pouvait faire barrage. Mais la structure aurait pu évoluer. »* Elle estime qu'il y a eu *« beaucoup de mépris »* de la part du nouveau président de l'intercommunalité.

Cette situation est-elle emblématique des relations entre pouvoirs publics et associations ? Un tel bras de fer, ça arrive, mais c'est rare, selon Brigitte Clavagnier, l'avocate de l'association. Il s'est néanmoins déroulé dans un contexte caractérisé par une forte pression sur les libertés associatives, documenté depuis 2019 par l'observatoire du même nom [3].

Trois évolutions structurelles fragilisent aussi les associations de taille moyenne, de type MJC. D'abord, un manque de culture associative des élus et des cadres territoriaux. *« En 2014 et 2020, nous avons vu arriver de nouvelles équipes municipales qui ne connaissaient pas le fait associatif »,* se souvient Isabelle Foucher, déléguée générale à la Fédération des centres sociaux et socioculturels de France (FCSF). Les associations puissantes et touche-à-tout du territoire suscitent la méfiance des nouveaux élus qui veulent souvent marquer le coup en arrivant au pouvoir. *« Nous avions des réseaux et des capacités professionnelles »,* illustre Luc Marchello. La MJC-Centre social tournait avec un budget annuel de 1,2 million d'euros, et a compté jusqu'à 20 salariés permanents et 1 400 adhérents.

LOGIQUE DE LA COMMANDE PUBLIQUE

Ensuite, une pression financière avec la baisse des dotations de l'Etat aux collectivités. Dans ce contexte, *« quand un nouvel élu voit sur sa ligne budgétaire "mise à disposition" d'un bâtiment et "conventionnement pluriannuel", il se dit "mais qu'est-ce qu'ils font en fait ?" »,* résume Emmanuelle Feldman, déléguée Paca à la FCSF.

[1] Il faut distinguer les MJC des Maisons de la culture développées par le ministre des Affaires culturelles André Malraux en 1961, dans une démarche descendante.
[2] Voir *Alternatives Economiques* n° 425, « A Briançon, un accueil des exilés exemplaire mais fragile », juillet-août 2022.
[3] Voir sur www.lacoalition.fr/observatoire-des-libertes-associatives

« Il y a eu un glissement progressif d'une relation partenariale à une relation de prestation »

PHILIPPE WYON,
membre du CA de la MJC-Centre social

Enfin, les outils juridiques qui lient les collectivités aux associations ont changé. Cela, depuis la loi Sapin de 1993 qui encadre la délégation de service public. La logique de la commande publique – et donc de la mise en concurrence – s'est imposée non seulement pour la gestion des grands services en réseau (eau, assainissement), mais aussi pour les petits services publics associatifs de type crèche parentale ou halte-garderie. En 2000, une loi impose une convention d'objectifs pour toute subvention supérieure à 23 000 euros.

« A partir du moment où l'on imposait une convention fixant les modalités d'utilisation des fonds publics, certains ont commencé à se demander : "qu'est-ce qui distingue une convention de subvention d'un marché public ?" », explique Brigitte Clavagnier. S'est alors répandue l'idée que les subventions étaient illégales s'il n'y avait pas de mise en concurrence. Les élus, effrayés face aux risques d'accusation de prise illégale d'intérêt, ont préféré se couvrir en privilégiant la commande publique (appels d'offres, à projets). La part des subventions dans le financement des associations est

Jeanne Macaigne.

ainsi passée de 34 % à 24 % entre 2005 et 2012, tandis que celle de la commande publique augmentait de 17 % à 25 % [4].

L'outil n'est pas resté sans effet sur la relation. *« Il y a eu un glissement progressif d'une relation partenariale à une relation de prestation »*, résume Philippe Wyon, membre du conseil d'administration de la MJC-Centre social. Difficile d'y échapper, à moins déjà de s'armer intellectuellement *« en refusant cette idée selon laquelle "puisqu'on finance, on décide" et qui implique qu'on ne peut pas avoir de position critique contre le financeur »*, insiste pour sa part le sociologue Jean-Louis Laville.

DÉVELOPPEMENT DES CENTRES SOCIAUX

Il reste encore 1 000 MJC sur le territoire. Quant aux centres sociaux, ils se développent, soutenus par la Cnaf, mais dans une logique souvent instrumentale. *« Il n'y a pas de conscience de tout ce que porte l'activité associative au-delà de la pure réalisation technique de l'activité, notamment le lien social qui se tisse et qu'on ne retrouvera jamais dans le cadre d'un marché public,* déplore Brigitte Clavagnier. *On motive les bénévoles dans le cadre d'un projet associatif, pas d'un marché public. »*

Céline Mouzon

[4] Voir « Evolutions et transformations des financements publics des associations », par Lionel Prouteau et Viviane Tchernonog, *Revue française d'administration publique* n° 163, 2017/3.

Les centres sociaux face au recul des services publics

A Briançon, jusqu'au 2 janvier, c'était la MJC, une association loi de 1901, qui gérait le centre social, une configuration fréquente sans être systématique. Il existe aujourd'hui 2 300 centres sociaux, en légère augmentation par rapport à 2017. A cela s'ajoutent 1 400 espaces de vie sociale (EVS), fortement promus ces dernières années (+ 23 % entre 2017 et 2020), une formule plus légère privilégiée dans les territoires ruraux et les quartiers populaires, dits « politique de la ville ». Sur les modes de gestion, la part des centres sociaux gérés par les collectivités est en augmentation (33 % en 2022, contre 24 % en 2014), mais il s'agit de reprises de centres gérés par les CAF notamment. A côté, 64 % sont associatifs, et 3 % en gestion directe CAF. *« On n'observe pas de recul du portage associatif entre 2014 et aujourd'hui »*, précise Isabelle Foucher, de la Fédération des centres sociaux et socioculturels de France (FCSF). Cela n'exclut pas localement des reprises en main très politiques, comme à Briançon ou Saint-Raphaël, dans le Var, début 2022. Ni le développement d'une logique de prestation, par le recours aux appels d'offres auxquels répondent certaines associations.

Indépendamment du mode de gestion et dans un contexte de retrait des services publics dans certains territoires, la Cnaf a aujourd'hui une politique volontariste de développement des centres sociaux. Elle s'est engagée à en créer 260 entre 2018 et 2022, dont 245 ont vu le jour. *« Ces dix dernières années, il y a de moins en moins de structures qui assurent un maillage territorial,* note Isabelle Foucher. *Les centres sociaux sont de plus en plus appelés à pallier cette absence, comme relais des politiques publiques »* plutôt que comme l'émanation de dynamiques autonomes des habitants. Une conception instrumentale du centre social prévaut. Ces structures anciennes, apparues à la fin du XIXe siècle, s'inscrivent pourtant historiquement, comme les MJC, dans les mouvements d'éducation populaire.

Agenda

1ER ET 2 FÉVRIER

SOLUTIONS SOLIDAIRES

BORDEAUX (33). Pour sa cinquième édition, Solutions solidaires organise deux journées de débats sur le thème « Comment (ré)concilier social et écologie ? ». Plus d'une dizaine de tables rondes sont prévues avec notamment la sociologue Dominique Méda, le maire de Bordeaux Pierre Hurmic, Cécile Duflot d'Oxfam, ou encore le sociologue Vincent Tiberj. Ces journées, organisées en partenariat avec *Alternatives Economiques*, sont gratuites et ont lieu à l'Immeuble Gironde du département, 1 Esplanade Charles-de-Gaulle.

Info : www.solutions-solidaires.fr/les-evenements/levenement-2023

DU 18 FÉVRIER AU 28 MAI

ÉNERGIE, SO WATT ?

PARIS 17E. Relevez le défi de la transition énergétique ! La Cité de l'économie (Citéco) propose une exposition immersive, « Energie, so Watt ? ». Le spectateur enfile les habits d'un responsable politique afin de prendre des décisions pour atteindre la neutralité carbone. Allez-vous privilégier la régulation économique ? Faire confiance aux mécanismes du marché carbone ? Quel usage ferez-vous du nucléaire ? Comment appliquerez-vous cette transformation à nos modes de production et de consommation ? Une invitation à réfléchir au difficile équilibrage des dimensions économiques, écologiques et sociales et qui donne envie d'agir. A cette occasion, des conférences sont également proposées, comme celle du 16 février à 18 h, sur le thème du changement climatique, avec le spécialiste de l'énergie Michel Derdevet et le paléoclimatologue Jean Jouzel. Tout a lieu à Citéco, 1 place du Général-Catroux.

Info : www.citeco.fr/agenda/exposition-so-watt

21 FÉVRIER

L'ÉCONOMIE FACE À LA NATURE : DE LA PRÉDATION À LA COÉVOLUTION ?

PARIS 14E. Dans le cadre du « Forum des transitions », la revue *L'Economie politique*, le Ceres-ENS et l'Institut Veblen proposent une table ronde sur les rapports difficiles et mouvants entre l'économie et l'écologie. Action pour le climat, protection de la biodiversité, sobriété dans l'usage des ressources : autant d'enjeux qui appellent à repenser notre modèle économique, mais avec quels outils et quelle théorie économique ? Animée par Wojtek Kalinowski, de l'Institut Veblen, cette rencontre réunira entre autres les économistes Harold Levrel, Antoine Missemer et Jézabel Couppey-Soubeyran. L'échange aura lieu à l'ENS Campus Jourdan, 48 boulevard Jourdan. L'inscription est obligatoire.

Info : https://urlz.fr/krdy

23 FÉVRIER

MANAGEMENT ET TRAVAIL

LYON (69). L'Association des amis de Thorstein Veblen organise une rencontre avec Bruno Milly, sociologue à l'université Lyon 2. Ce dernier parlera des effets sur le travail des réformes du management dans les entreprises du privé, et surtout de leur généralisation à l'ensemble des secteurs, comme le secteur public ou associatif. La conférence aura lieu à la Maison des sciences de l'homme, 14 avenue Berthelot, à partir de 18 h 30.

Info : http://thorstein.veblen.free.fr/

Connectez-vous sur **www.alternatives-economiques.fr/agenda** pour annoncer vos manifestations. Pour pouvoir paraître dans le prochain numéro, l'annonce de votre initiative doit nous parvenir **avant le 15 du mois.**

Nous sommes en 50 avant la catastrophe climatique.
Toute l'Europe s'est mise aux renouvelables… Toute ? Non !
Un pays peuplé d'irréductibles Gaulois résiste, encore et toujours, à l'évidence.